AF346654

CORRESPONDANCES

DE

M. DUVAL D'ÉPRÉMESNIL

Avec M. le Marquis de Montmorenci & M. le Chevalier de Crillon.

PUBLIÉES

Par le Comte de Lally-Tolendal, avec ses Observations.

A DIJON,

Chez Louis-Nicolas FRANTIN, Imprimeur du Roi.

M. DCC. LXXXII.

CORRESPONDANCES

De M. Duval d'Éprémesnil avec M. le Marquis de Montmorenci & M. le Chevalier de Crillon;

PUBLIÉES

Par le Comte de Lally-Tolendal, avec ſes Observations.

M. Duval n'a que le mot *Correſpondance* à la bouche; c'eſt ſon refrein à tout ce qu'on lui demande, c'eſt ſa juſtification ſur tout ce qu'on lui impute.

Lui obſerve-t-on que perſonne n'a encore pu ni définir, ni trouver le crime de ce Général, traité publiquement par lui avec une inhumanité qu'on ſe reprocherait à l'égard du dernier des criminels; qu'il n'exiſte aucune preuve, aucune charge dans le procès, aucun délit, aucun motif dans l'Arrêt? Il répond à l'inſtant : liſez la *Correſpondance* de mon oncle; vous n'aurez rien vu, pour juger le crime de M. de Lally, tant que vous n'aurez vu que ſon procès & ſon Arrêt (1).

Lui reproche-t-on ſa fameuſe manœuvre du mois d'Avril 1780, ſon manque de parole, ſa promeſſe réitérée de reſter à Paris, ſa

____

(1) Voyez ci-après, page

courfe nocturne à Rouen, pour me priver & pour fe débarraffer de deux Juges, dont l'intégrité courageufe & éclairée était auffi importune pour lui que raffurante pour moi? Lui oppofe-t-on la réclamation publique que j'ai élevée fur cet objet, les faits pofitifs que j'ai plaidés, l'obfcurité filencieufe dans laquelle il s'eft enveloppé? A tout cela il répond : J'ai eu une *Correfpondance* avec M. le Premier Préfident; fi jamais elle eft publique, vous la verrez (1).

Lorfqu'on l'a plaint d'avoir armé contre lui l'éloquence foudroyante & l'invincible dialectique de Mᵉ. du Caftel : lorfqu'on l'a blâmé d'avoir voulu combattre par l'abus de l'autorité celui qu'il ne devait vaincre que par la force des raifons ; d'avoir perfécuté celui qu'il défefpérait de réfuter ; de s'être fait un titre de fa fupériorité dans la hiérarchie judiciaire, pour accabler un Avocat fublime, pour foulever contre lui, s'il était poffible, l'orgueil du rang & le courroux terrible de la confraternité, pour le faire punir en un mot d'avoir défendu la vérité fans acception de perfonnes, & d'avoir rempli, contre un Juge dans l'arène, le ferment qu'il avait prêté à la Juftice fur fon Trône ; il a dit : Je ferai imprimer ma *Correfpondance* avec Mᵉ. du Caftel (2).

Enfin lorfqu'on lui a objecté les preuves authentiques & précifes que j'articulais, au lieu de ces allégations obfcures & menfongères par lefquelles on prétend m'accabler ; les témoignages refpectables que j'invoquais, au lieu de ce vil ramas qu'on devrait rougir feulement de citer, il a dit : J'aurai une *Correfpondance* avec M. de Montmorenci ; j'aurai une *Corref-*

---

(1) Voyez page 250 de fon fecond Plaidoyer.
(2) Voyez page 328 *ibid.*

pondance avec le defcendant du brave Crillon ; j'aurai une *Cor-*
refpondance avec le Vainqueur de la Grenade (1).

J'ignore s'il en a eu réellement une avec le Comte d'Eftaing.
Celles qu'il a eues avec le Marquis de Montmorenci & le Chevalier de Crillon m'ont été communiquées ; ce font elles que
j'entreprends aujourd'hui d'examiner, pour les faire connaître
par la fuite en temps & lieu. En voyant ce goût de M. Duval
pour les Correfpondances, fon attention à faifir, à faire naître
toutes les occafions de fe procurer des Lettres, fes moyens pour
en tirer le parti qu'il veut, fes procédés pour en décompofer
toutes les phrafes, pour en diftiller toutes les expreffions, pour
leur faire donner le réfultat qu'elles annonçaient le moins, on
fe rappellera involontairement le mot du fameux Laubardemont :
Qu'on me donne dix lignes de l'écriture d'un homme, fût-ce à fa
Maîtreffe, & je fuis fûr d'y trouver de quoi le faire pendre.

______

(1) Voyez pag. 272 & 273 de fon fecond Plaidoyer.

CORRESPONDANCE

Avec M. le Marquis de Montmorenci.

E n rendant compte des événemens qui, autrefois, ont opéré
la diffamation & préparé la dénonciation, la détention, le
procès de mon père ; en parlant des machinations du Moine
Lavaur, de sa duplicité, de son hypocrisie, des hommages per-
fides qu'il prodiguait d'un côté, & des calomnies infames qu'il
vendait de l'autre, voici ce que j'ai plaidé à Rouen.

*Cependant, malgré le vœu de sa haine & de sa cupidité, incer-
tain lequel des deux partis triompherait en Europe, résolu de ne
rien donner au hasard & voulant se tenir prêt à tous les événemens, ce Jésuite avait fait deux Mémoires, l'un pour, l'autre
contre mon père, montrant le PREMIER aux honnétes gens restés fidèles à leur Général, & parmi les témoins qui L'ONT VU
j'ose attester nommément le Marquis de Montmorenci ; rédigeant
le second dans les ténèbres avec la faction Indienne, notamment
avec le Sieur de Leyrit, &c.*

Telles sont mes propres paroles, sans en retrancher & sans y
ajouter une seule lettre : je supplie instamment qu'on veuille
bien les vérifier page 65 de mon Plaidoyer.

M. Duval m'a répondu fièrement, pages 272 de sa Replique
& 30 de son Extrait : *Cette assertion est une fable ; vous invo-
quez le témoignage du Marquis de Montmorenci, & moi je vous
réponds qu'un Montmorenci n'affirmera jamais ce fait. J'enverrai
mon Plaidoyer au Marquis de Montmorenci.*

Il le lui a envoyé en effet avec la Lettre que l'on va lire. Je l'imprimerai à mi-marge, ainſi que toute la Correſpondance, afin que l'on puiſſe mieux reconnaître la vérité & apprécier la juſteſſe des Obſervations, accollées à chaque article qui les néceſſitera.

PREMIERE LETTRE	*OBSERVATIONS.*

De M. Duval d'Eprémeſnil au Marquis de Montmorenci.

Monſieur le Marquis,

Le Sieur Tolendal, curateur à la mémoire du Comte de Lally,

Qu'a prétendu M. Duval par cette groſſièreté de mauvais ton qu'il a répétée depuis en vingt endroits ? Se faire connaître ? il n'en a plus beſoin dès long-temps. Me forcer à m'échapper? il n'y parviendra jamais. Le peu d'inſtans qu'il avait voués à une modération perfide , une fois écoulés ; la Lettre inſidieuſe qui devait en être le fruit, une fois écrite ; à meſure que ſa bile a fermenté , après avoir été d'a-bord pour lui *le Comte de Lally-Tolendal,* j'ai été ſucceſſivement *le Sieur de Lally - Tolendal , le Sieur de Tolendal, le Sieur Tolendal :* inceſſamment je m'at-tends à être *le nommé Tolendal.* Il eſt fâcheux, avec des moyens

OBSERVATIONS.

fi nobles & fi recherchés, de s'entendre dire qu'on n'a pas même le droit de bleffer. Il eft fâcheux d'apprendre que ces deux noms qu'on fépare avec une affectation maligne, comme fi le dernier, étranger à l'autre, devenait un titre d'humiliation, ont été conftamment unis dans le chef de ma famille depuis l'an 1199; qu'ils ont conftamment figuré enfemble, & dans l'acte de foumiffion de mes ancêtres à la Couronne d'Angleterre, fous Henri VIII, & dans leurs actes d'hommages, & dans leurs titres & papiers domeftiques; qu'enfin fi je tiens davantage au premier, c'eft uniquement par refpect pour la mémoire de mon père, parce que c'eft celui fous lequel il a été publique-ment connu, malheureux, op-primé, parce que loin de le croire entaché par un fupplice injufte, je me glorifie au con-traire de porter un nom qui déformais eft celui de la vertu immolée.

a prétendu que le Père Lavaur avait écrit deux Mémoires, l'un pour, l'autre contre le Général, & que VOUS LES AVIEZ VUS TOUS DEUX.

J'ai répondu que cette affertion était une fable, qu'un Montmorenci ne l'affirmerait jamais, & que je vous adrefferais mon Plaidoyer. L'article eft à la page 272. Permettez-moi, Monfieur le Marquis, de

Ce Jéfuite avait fait deux Mémoires, l'un pour, l'autre contre mon père ; montrant LE PREMIER *aux honnêtes gens . . . . . & parmi les témoins qui* L'ONT VU *, j'ofe attefter nommément le Marquis de Montmorenci :* voilà bien mes termes. Lecteur véridique, cela s'appelle-t-il *prétendre que le Marquis de Montmorenci* LES A VUS TOUS DEUX ? Songez fur-tout que ce menfonge réfléchi doit fervir de fondement à des déclamations hypocrites ; que M. Duval commet ici cette falfification, pour tonner bientôt contre moi au nom de la vérité, s'il parvient à m'attirer un démenti de la part du témoin illuftre qu'il m'accufe fauffement d'avoir fait parler ; & jugez les moyens & l'Adverfaire que j'ai à combattre.

On va voir ce qu'a *répondu* à fon tour ce *Montmorenci.*

remplir cet engagement , & de faifir cette occafion pour vous offrir
l'hommage du refpect avec lequel
je fuis,

Monfieur le Marquis ,

Votre très-humble & très-
obéiffant Serviteur ,

Signé, D'Eprémesnil.

A Paris, le 29 Mai 1780.

RÉPONSE

*Du Marquis de Montmorenci à
M. Duval d'Eprémefnil.*

J'ai reçu, Monfieur, la lettre que
vous m'avez fait l'honneur de m'é-
crire, en m'envoyant votre Plaidoyer : vous défirez fans doute favoir ce que j'ai dit touchant le
Journal ou Mémoire du Père Lavaur : le voici exactement. — Lorfqu'après la mort de ce Jéfuite, l'on
me dit qu'on avait trouvé dans fes
papiers un Journal terrible contre
M. de Lally, je répondis : « cela
» ne fe peut pas; ce Journal n'eft
» furement pas de lui, ou, s'il en
» eft, il faut donc qu'il en ait
» écrit de mémoire. Car lorfque
» je fus parti de l'Inde, lui me

Eh bien! Lecteur, *mon affertion était-elle une fable?* Quand
*j'ai prétendu que le Père Lavaur
avait fait deux Mémoires, l'un
pour, l'autre contre mon père :
quand j'ai prétendu que le Marquis de Montmorenci nommément
avait vu le premier*, ai-je fait
autre chofe que dire une vérité? Ne l'ai-je pas dite avec
autant de modeftie & de fimplicité, que de certitude & de fidélité? M. de Montmorenci ne
l'a-t-il pas dite avec mille fois

» donnant des lettres pour faire re-
» mettre en France à différens Parti-
» culiers, & moi lui ayant deman-
» dé comment il y parlait de nos af-
» faires ? *Je vais vous le faire voir*,
» me dit-il. POUR LORS IL OUVRIT
» SON JOURNAL, LE FEUILLETA
» AVEC MOI DEPUIS LE JOUR DE
» MON ARRIVÉE DANS L'INDE,
» JUSQU'A CELUI OU J'EN PARTAIS,
» ET M'Y FIT VOIR TOUS LES ÉVÈ-
» NEMENS DE NOTRE CAMPAGNE
» TRÈS-SAGEMENT ET TRÈS-FIDÈ-
» LEMENT RACONTÉS, ET PAR-
» TOUT LES PLUS GRANDS ÉLOGES
» DE M. DE LALLY. »

plus d'énergie que moi ? Pesez bien, je vous en conjure, toutes les expressions qu'il emploie. Sentez-en bien toute la force. *Depuis le jour de mon arrivée, jusqu'à celui où je partais.... tous les événemens de notre campagne.... très-sagement & très-fidèlement racontés.... & partout les plus grands éloges de M. de Lally.* Il ne s'agit plus seulement ici de ce qu'a écrit le Père Lavaur ; il s'agit de ce que pense celui qui l'a lu. Ce n'est plus là le simple récit d'un témoin exact, c'est la décision formelle d'un Juge compétent. Ainsi, d'après ce que prononce Monsieur de Montmorenci, Monsieur de Montmorenci Maréchal de Camp, Monsieur de Montmorenci Syndic de la Compagnie des Indes, Monsieur de Montmorenci qui a fait toute la première campagne de mon père dans l'Inde, point d'appréciateur *sage*, point d'Historien *fidèle*, qui, sur *tous les évènemens de cette campagne*, ne

CORRESPONDANCE.

COMME CE FAIT EST VRAI,
MONSIEUR, JE L'AI DIT ET JE
PUIS L'AFFIRMER.

J'ai encore ajouté, & je me le rappelle très-bien : « JE VOIS TANT
» DE MÉCHANCETÉ ET DE MEN-
» SONGE DANS LES IMPUTATIONS
» QU'ON FAIT A M. DE LALLY SUR
» LES FAITS QUI SE SONT PASSÉS
» SOUS MES YEUX, PENDANT LE
» PEU DE TEMPS QUE J'AI RESTÉ
» DANS L'INDE, QUE JE SUIS DANS
» LE DROIT DE DOUTER BIEN
» FORT, ET MÊME DE NE PAS

OBSERVATIONS.

doive *par-tout les plus grands éloges à M. de Lally.* Quel témoignage glorieux, quel respectable garant me vaut la hardiesse de M. Duval ! Ah ! du caractere dont il est, combien il a dû me haïr, lorsqu'il a vu qu'en me voulant tant de mal, il m'avait fait tant de bien !

« CETTE ASSERTION EST UNE FABLE, ET JAMAIS UN MONT-MORENCI N'AFFIRMERA CE FAIT. » Voilà ce qu'avait dit M. Duval, & voilà précisément à quoi aboutiraient toutes ses rodomontades, si l'on daignait s'occuper de les confondre l'une après l'autre.

Observons d'abord que la conséquence que je tirais tout-à-l'heure des expressions du Marquis de Montmorenci, est avouée par lui-même. *Et mes propos,* dit-il, *& ma façon de penser :* donc non-seulement il raconte, mais il juge.

Observons ensuite que ce *peu de temps qu'il a resté dans l'Inde,*

» CROIRE UN MOT DE CE QU'ON
» LUI IMPUTE DEPUIS MON DÉ-
» PART , JUSQU'A CE QU'ON ME
» L'AIT PROUVÉ CLAIR COMME
» LE JOUR. » — Voilà , Monfieur,
quels ont été , ET QUELS SONT
ENCORE , & mes propos, & ma
façon de penfer.

J'ai l'honneur d'être , &c.

Signé, MONTMORENCI-LAVAL.

Paris, 4 Juin 1780.

renferme cependant *tous les évènemens de la première campagne*,
c'eft-à-dire , les expéditions de
Goudelour , St. David, Divicottey , Tanjaour , le Meſſage
du Comte d'Eftaing à Pondichéri , fon difcours au Confeil
affemblé , les offres qu'il y fit
de la part du Général, les éloges publics qu'il y donna au zèle ,
au défintéreffement , à la conduite de mon père , & que le
Confeil arrêta de configner dans
fes Regiftres.

Obfervons enfin que *les imputations faites* autrefois à M.
de Lally fur ces évènemens, foit
par le Père Lavaur , foit par les
gens de l'Inde , dans leurs lettres , libelles , dénonciations ,
dépofitions , font abfolument les
mêmes que lui fait aujourd'hui
M. Duval dans fon fecond Plaidoyer : que M. de Montmo-
renci a reçu le 29 Mai ce fecond
Plaidoyer , avec la Lettre de
M. Duval : qu'il n'a répondu
que fix jours après , le 4 Juin ,
afin d'avoir le temps de lire &

de connaître tout : enfin qu'après cet examen de six jours, il a mandé à M. Duval que rien n'était changé ni dans son opinion ni dans ses discours : *Voilà, Monsieur, quels ont été ET QUELS SONT encore & mes propos & ma façon de penser. Je vois tant de méchanceté & tant de mensonge dans les imputations qu'on fait à M. de Lally sur les faits qui se sont passés sous mes yeux, que je suis dans le droit de ne pas croire un mot de ce qu'on lui impute depuis mon départ.*

Et tout cela est signé *Montmorenci-Laval.*

Au reste nous verrons bientôt que M. Duval a senti, aussi-bien que nous, toutes ces conséquences, & qu'il a eu la maladresse de les faire remarquer.

* *P. S.* J'ai l'honneur de vous prévenir, Monsieur, que ne sachant pas si ma Lettre peut être de quelqu'utilité dans l'affaire présente, j'en vais faire passer la copie à Monsieur de Tolendal, avec copie de

* Certes, M. Duval a merveilleusement travaillé. Le grand coup qu'il a fait là pour lui & ses commettans ! On avait tout employé autrefois pour que le

<table>
<tr><td>

celle que vous m'avez fait l'honneur de m'écrire.

BILLET

Que m'a adreſſé le Marquis de Montmorenci.

Le Mis. de Montmorenci a l'honneur d'envoyer à Monſieur le Comte de Lally-Tolendal la copie d'une Lettre qu'il a reçue de M. d'Eprémeſnil , & de la Répoſe qu'il y a faite. Il profite de cette occaſion pour renouveller à Monſieur de Lally l'aſſurance de ſon bien ſincère attachement.

5 Juin.

</td><td>

Marquis de Montmorenci ne fût pas entendu en témoignage , & l'on avait réuſſi. Vainement mon père s'était récrié du fond de ſa priſon ; vainement la Cour & la Ville avaient demandé avec étonnement pourquoi un Montmorenci, pourquoi un d'Eſtaing, pourquoi un la Fare, pourquoi un Guillermin , un ô Kenelly , un Meade , en un mot pourquoi preſque tous les Officiers des troupes du Roi étaient écartés , quand le dernier Enſeigne, quand le dernier Scribe , quand les Bouchers , les Cabaretiers, les Palfreniers de la Compagnie, étaient non-ſeulement entendus, mais appellés? On avait bravé juſqu'au bout les cris de mon père, ceux de la Ville, ceux de la Cour , ceux de la Loi. Et voilà que M. Duval déconcerte aujourd'hui toutes ces meſures ; voilà qu'il me fournit une déclaration formelle, authentique, ſignée par M. de Montmorenci, ſi directement avec mon accuſateur , & qui

</td></tr>
</table>

non-feulement fupplée à cette dépofition dont on n'a pas voulu, mais encore fait fentir pourquoi l'on n'en a pas voulu. Ceux qui ont choifi M. Duval pour Avocat, ont bien placé leur confiance.

D'APRÈS la réponfe que vous venez de lire du Marquis de Montmorenci, réponfe digne réellement de celui qui l'a écrite, aufîi claire & aufîi pofitive que noble & courageufe, vous croiez fûrement que la *Correfpondance* eft tranchée net ; qu'il n'y a plus de fujet pour la continuer, & qu'on ne peut même pas trouver de prétexte à faire une replique. Vous ne connaiffez pas les reffources de M. Duval. Il va vous prouver que le Marquis de Montmorenci a dit précifément tout le contraire de ce que j'avais allégué. Il va vous démontrer que la Lettre dans laquelle M. de Montmorenci affirme avoir vu le Journal-pour du Père Lavaur, détruit le paffage de mon Plaidoyer, par lequel j'ai affuré que M. de Montmorenci avait vu le Journal-pour du Père Lavaur. Il va faire bien plus : il va vous démontrer que ce Journal-pour n'a jamais exifté, par la déclaration même de celui qui affirme l'avoir vu : lifez. Ah! Laubardemont, Laubardemont !

DEUXIÈME

DEUXIÈME LETTRE

De M. Duval d'Eprémesnil, au Marquis de Montmorenci.

D'Ozouër-la-Ferriere, 10 Juin 1780.

J'ai reçu, Monsieur, la Lettre que vous m'avez fait l'honneur de m'écrire le 4 de ce mois.

Je ne puis qu'applaudir à la délicatesse qui vous a fait juger que mon dessein n'était pas de rien taire au Défenseur de M. de Lally. Vous m'avez rendu justice, & c'est, Monsieur, un sentiment digne de vous.

Je crois y répondre en publiant votre Lettre ; j'ai l'honneur de vous en prévenir.

OBSERVATIONS.

Oh ! voici un changement de ton ; moins d'égards, moins de respect ; M. Duval à beau feindre, son dépit perce, il n'a pas été content de la réponse. Soyons justes, il ne devait pas l'être ; mais il ne devait pas non plus se l'attirer.

Je doute fort que ces *applaudissemens* soient sincères ; je crois fermement que *la délicatesse* de M. de Montmorenci a déconcerté les *desseins* de M. Duval, loin de les remplir, & je suis bien sûr que je ne serai ni seul à douter, ni seul à croire.

Je doute bien encore que M. Duval *publie* jamais, ni cette Lettre, ni un seul mot de toute cette Correspondance, & je crois encore non moins fermement que l'unique but de cette

C

annonce eft d'embarraffer M. de Montmorenci, de l'inquiéter, d'en arracher, s'il eft poffible, quelque palliatif, par la crainte de voir fon nom compromis & fes Lettres épiloguées dans des Ecrits publics & dans des difcuffions de chicane : mais que la menace foit bravée, & je réponds qu'elle ne fera pas foutenue. Sur ce point, l'avenir décidera fi mes doutes auront été juftes & fi ma croyance aura été fondée. M. Duval, avant d'écrire la Replique que nous examinons ici, a fait paraître un *Extrait* imprimé *de fon fecond Plaidoyer.* Il y a parlé, page 30, de fes Lettres à MM. de Crillon, de Montmorenci, &c. Il y a dit mot à mot dans une note ; *je publierai les réponfes que j'ai reçues ; il m'en refte une à faire auparavant au Marquis de Montmorenci.* La voilà *faite* & envoyée ; *il* ne *refte* plus maintenant qu'*à publier.* Déjà il y a du temps perdu ; la *réponfe* eft du 10 Juin 1780, & la *publi-*

cation qui devait la fuivre in-continent, n'a pas encore lieu aujourd'hui 20 que j'écris ceci. Quelqu'intéreffé que je fois à cette publication, je ne veux pas que M. Duval ait la reffource de dire que je l'ai prévenu. Je lui laifferai tout le temps de remplir fes engagemens. Je veux qu'une fois on apprécie bien fes bravades. Je veux voir, non pas dans combien de jours, non pas dans combien de femaines, mais dans combien de mois il n'aura pas encore *publié ces réponfes* qu'il avait promis de publier dès qu'il en aurait *fait une qui lui reftait à faire*, & qui a été *faite* le 10 Juin 1780 (1).

-----

(1) C'eft feulement en Juin 1782 que je parviens à faire imprimer ceci. J'avoue que je n'avais pas compté donner tout-à-fait autant de temps à M. Duval : mais enfin ce qu'il s'était engagé à *publier* en Juin 1780, il ne l'a pas encore *publié* en Juin 1782 : il a eu deux ans pour remplir fes promeffes, & il ne les a pas remplies : il en eût eu dix, qu'il ne les eût pas remplies davantage , & j'efpère qu'après un trait de cette nature , on aura enfin de fes belles annonces & de fes grandes menaces l'idée qu'elles méritent.

Votre Lettre prouve précisément le contraire du fait allégué par M. de Lally , & plaidé par son curateur, *des deux Journaux du Père Lavaur , l'un pour , que vous aviez vu , l'autre contre , que Monsieur le Commiſſaire du Parlement a choiſi de préférence ſous les ſcellés de ce Jéſuite.*

Ici l'on ſe perd. L'état de la queſtion, d'après mon Plaidoyer, était de ſavoir *ſi M. de Montmorenci avait vu le Mémoire-pour du Père Lavaur.* L'état de la queſtion, d'après la Lettre de M. Duval & la petite falſification qu'il s'y permettait, était de ſavoir *ſi M. de Montmorenci avait vu les deux Mémoires pour & contre du Père Lavaur.* M. de Montmorenci a réſolu les deux queſtions en *AFFIRMANT qu'il avait vu le Mémoire-pour* , & *qu'on lui avait dit que le Mémoire-contre avait été trouvé dans les papiers du Jéſuite après ſa mort.* Qu'a de commun tout cela avec *Monſieur le Commiſſaire du Parlement* , qui était M. l'Abbé Terray ; avec le *choix* qu'il a fait ou qu'il n'a pas fait; avec la *préférence* qu'il a donnée ou qu'il n'a pas donnée à l'un de ces deux Ecrits ; enfin , avec un individu & des opérations dont il n'eſt pas d t un ſeul mot, ni dans la Réponſe de M. de Montmorenci , ni dans la Lettre de

 OBSERVATIONS.

M. Duval, ni dans mon Plaidoyer ? On n'y conçoit rien. Mais voici ce que, moi, je conçois parfaitement.

Je conçois que M. Duval se coupe lui-même dans cet endroit avec la dernière mal-adresse. A en croire ce passage de sa seconde Letttre, *j'ai plaidé* uniquement *que M. de Montmorenci avait vu le Journal-pour* : à en croire sa première Lettre, j'avais *plaidé que M. de Montmorenci avait vu les deux Journaux pour & contre.* Il y a long-temps qu'on a dit que quand on manquait de vérité, il ne fallait pas manquer de mémoire. M. Duval eût fait naître le proverbe s'il n'eût pas existé.

Je conçois que M. Duval, toujours fidèle à sa manière de me susciter des haines au lieu de m'opposer des preuves, me taxe *d'avoir plaidé que M. le Commissaire du Parlement a choisi de préférence le Journal-contre*, &, comme il va le dire plus bas, *a eu l'infidélité de supprimer le Journal-pour.* Or, je demande à M. Duval quel est l'article ; quelle est la phrase, quelle est la ligne de mon Plaidoyer où l'on trouve la première syllabe de cette assertion? Qu'on le parcoure d'un bout à l'autre, on y verra, page 79, ces dix mots: *le panégyrique s'était trouvé perdu, le libelle avait été recueilli*, & plus une parole après. Ce n'est pas tout. Dans mon grand Mémoire au Conseil, page 8 de la seconde partie, j'ai présenté un dilemme sur cet objet. J'ai dit : *ou l'existence du panégyrique a été avérée pour le Parlement auquel mon père l'a dénoncé, ou elle ne l'a pas été : ou les témoins cités pour l'avoir vu ont été entendus, ou ils ne l'ont pas été ;* & j'ai tiré les conséquences de l'une & l'autre partie du dilemme, dont je ne puis donner ici que l'apperçu. Ainsi ce raisonnement exclut jusqu'à la possibilité de l'assertion que M. Duval me prête. Ainsi nulle part je n'ai dénoncé ni *le Parlement*, ni ses *Commissaires*, comme coupables de cette *infidélité*, de cette *suppression:* partout j'ai abandonné le fort du Mémoire - pour à l'obscurité dans laquelle il s'est perdu ; il me suffisait d'en prouver l'existence, & la dénonciation que mon père en avait faite à ses Juges. Et M. Duval fait tout cela, puisqu'il a entendu mon Plaidoyer, puisqu'il m'a écrit de sa main qu'*il avait lu d'un bout à l'autre mon Mémoire au Conseil :* ainsi M. Duval par-tout calomnie, & par-tout calomnie volontairement.

Que le Père Lavaur eût fait deux Journaux, cela m'eût été très-indifférent à moi Défenseur de M. de Leyrit.

Si cela vous est indifférent comme Défenseur de M. de Leyrit, c'est donc à un autre titre , c'est donc par un autre motif que vous vous acharnez tant à ébranler la certitude de ce fait, qui foudroie à lui seul tout l'échafaudage élevé contre mon père ? Ainsi, vous ne cesserez de nous répéter que votre Cause personnelle est ce qui vous occupe le moins ; que ce

M. de Leyrit n'eft qu'un préte-nom que vous avez dédaigné autrefois de défendre, & dont vous vous fervez aujourd'hui pour couvrir d'autres intérêts. Mais alors juftifiez-nous donc de votre miffion, produifez - nous vos Lettres de créance, ou fouffrez que l'on vous compare avec ces Agens obfcurs & entrepre-nans, que l'honneur rougirait d'avouer mais dont la politique rifque de fe fervir, qu'on abandonne à leur témérité fans daigner les munir d'aucune fauvegarde, & à qui l'on dit : les récompenfes vous attendent, fi vous réuffiffez ; mais fi vous êtes furpris, fi vous êtes livrés à l'infamie & aux peines portées contre les efpions & les perturbateurs, vous ne ferez pas même réclamés.

Mais que le Journal favorable à M. de Lally, écrit de la main du Père Lavaur, eût été trouvé fous les fcellés de cet ancien Religieux, & qu'il eût été rejeté, fupprimé par M. le Commiffaire du Parlement,

Quoi, M. de Montmorenci *détruit par fa Lettre des faits* dont il ne dit pas un mot dans fa Lettre ! Quoi, il y a dans la Lettre de M. de Montmorenci

CORRESPONDANCE. | OBSERVATIONS.

pour faire place uniquement au Journal-contre, devenu, par cette infidélité, le fignal de ralliement des ennemis du Général Lally, le guide préféré des plaintes de M. le Procureur-Général, le flambeau des témoins & des Juges, voilà des faits, ou plutôt des fables, que le cœur d'un Citoyen & d'un Magiftrat ne devrait pas fupporter, ET QUI SONT DÉTRUITS PAR VOTRE LETTRE.

une feule fyllabe qui ait trait à la *fuppreſſion du Journal favorable du Père Lavaur*, à *M. le Commiſſaire du Parlement*, aux *ennemis du Général Lally*, à *M. le Procureur-Général*, aux *témoins*, aux *Juges*, à *l'infidélité* & au *ralliement* des uns, au *guide* & au *flambeau* des autres? Quoi! M. Duval raifonnera ainfi : « J'ai écrit au Marquis de Montmorenci pour lui demander s'il avait vu les deux Journaux pour & contre du Père Lavaur; or le Marquis de Montmorenci m'a répondu qu'il avait vu le Journal-pour, & qu'il avait entendu parler du Journal-contre; donc cette réponfe du Marquis de Montmorenci prouve que le Journal-pour n'a point été trouvé fous les fcellés du Père Lavaur, qu'il n'a point été rejetté, fupprimé par le Commiffaire du Parlement, que le Journal-contre n'eft pas devenu, par cette infidélité, le figne de ralliement des ennemis du Général Lally, le guide préféré des plaintes de M. le Procureur-Général, le flambeau des témoins & des Juges » ? Voilà pourtant, dans la plus grande exactitude, l'argument de M. Duval. En vérité la tête tourne ; on regarde autour de foi ; on fe croit tranfporté dans l'enceinte de *Bedlam ;* & tout cela finit par être fi extravagant, que je tremble qu'à mon tour on ne regarde comme une folie de ma part d'y répondre.

Le Père Lavaur vous a montré, Monfieur, en feuilletant fon Journal avec vous, QUELQUES ENDROITS HONORABLES POUR M. DE LALLY, SUR L'EXPÉDITION DE SAINT-DAVID.

Pour-lors il ouvrit fon Journal, le feuilleta avec moi DEPUIS LE JOUR DE MON ARRIVÉE DANS L'INDE JUSQU'A CELUI OU J'EN PARTAIS, & m'y fit voir TOUS les évènemens de notre campagne TRÈS-SAGEMENT ET TRÈS-FIDÈLEMENT RACONTÉS, & PAR-TOUT LES PLUS GRANDS ÉLOGES DE M. DE LALLY. Voilà bien la phrafe de M. de Montmorenci, & voilà ce que M. Duval traduit par *quelques endroits honorables pour M. de Lally fur l'expédition de*

St. David. Il avait cependant fous les yeux la Lettre originale qu'il défigurait ainfi; il favait que j'en avais une copie authentique, que les écrits reftent, que fi l'on peut perfuader à certains Auditeurs qu'ils ont entendu ce qu'ils n'ont pas entendu, l'on ne peut perfuader à aucun Lecteur qu'il lit ce qu'il ne lit pas. Qu'on juge comment il devait arranger mes phrafes, quand il en demandait a&e quinze jours après que je les avais plaidées.

Vous l'avez dit en France : de là l'imagination de M. de Lally, très-féconde en reffources quand il s'agiffait de *mal faire* & de *mal dire*, a tiré la fable des deux Journaux, & & l'a porté jufqu'à vous attefter.

Il n'y avait encore dans cette Lettre que des fauffetés & des inconféquences, il y fallait bien des duretés & des inveftives. Paffons ce trait à M. Duval, qui cependant n'a en vérité plus le droit de contefter à qui que ce foit, ni le mérite de *mieux faire*, ni même le talent de *mieux dire* que lui, & ne nous écartons pas de notre but. Quoi, *les deux Journaux* font encore *une fable!* Quand le Procureur-Général lui-même a déclaré dans fon Requifitoire du 9 Avril 1764 qu'il fondait fa plainte fur le *Journal-contre?* Quand le Marquis de Montmorenci vous écrit à vous-même qu'il a vu & lu le *Journal-pour?* Quoi, de bonne foi vous n'êtes pas convaincu ? Je vous jure fur mon honneur & fur ma confcience, que ce n'eft ni la haine ni la vengeance qui vont me faire parler : mais l'amour de l'humanité me tranfporte, je ne puis plus le contenir, il faut qu'il éclate, il faut que je vous faffe une queftion qu'il me preffe de vous faire à chaque ligne que je tranfcris de votre Lettre. Vous êtes Juge ! Eh mais grand Dieu ! eft-ce que dans les opinions que vous ouvrez, eft-ce que dans les rapports que vous faites , vous portez cette même manière de voir , cette même juftefle d'efprit, cette même fuite de raifonnemens ? Je ne me fuis encore récrié à cet égard que fur votre violence : mais ici, même en vous fuppofant dans l'état

CORRESPONDANCE.

OBSERVATIONS.

le plus calme, avec la volonté la plus jufte, il y a de quoi frémir mille fois davantage. J'aimerais bien mieux voir jouer d'un coup de dez la fortune & la vie des hommes : il y aurait du moins autant de chances pour le droit que pour l'injuftice, pour l'innocence que pour le crime.

Fable bien mal-adroite ! Atteftation bien indécente ! puifque vous n'êtes refté dans l'Inde que trois ou quatre mois, & que le Père Lavaur n'a pu, Monfieur, y feuilleter avec vous qu'un Journal relatif à cette époque. J'aurais été fingulièrement furpris que ces ridicules allégations, contraires à la vérité, injurieufes au Parlement, euffent trouvé un appui réel dans le témoignage d'un Montmorenci, dont le nom eft diftingué depuis dix fiecles entre les Membres les plus illuftres de la Cour du Roi, & de la Nobleffe Françaife.

Par exemple, il eft bien certain que le Père Lavaur n'a pu montrer au Marquis de Montmorenci ce qu'il n'avait pas encore écrit fur des évènemens qui n'étaient pas encore arrivés. Nous répondrons plus au long dans le Paragraphe fuivant à l'objection des époques. Mais, encore une fois, qu'y a-t-il de commun entre la Lettre de M. de Montmorenci & *ces allégations*, entre *le Parlement de Paris* de 1766 & *la Cour du Roi* Charlemagne de 780 ? On voit ici que M. Duval fait mêler les careffes aux menaces. Il injurie & loue tour à tour. Malheureufement on ne s'honore que

Des éloges que le Père Lavaur vous a fait voir, vous avez conclu, Monsieur, ou qu'on n'avait pas pu trouver dans ses papiers un Journal terrible contre M. de Lally, ou qu'il en avait écrit deux différens.

Telle est la conséquence que M. de Lally a transformée en fait.

Mais permettez-moi de vous observer que cette conséquence n'est pas exacte. Distinguons les époques: le même homme peut, en différens temps, & toujours très-justement, être loué, méprisé, accusé, puni.

de ses injures & l'on ne s'effraie que de ses louanges.

Eh mais! il semble que c'est assez bien conclure. La première conclusion est celle d'un honnête homme, la seconde est celle d'un homme sensé, & il n'y en a pas une troisième à tirer.

S'il n'y a point de *fait*, il n'y a point de *conséquence* ; c'est du *fait* que *la conséquence* se tire ; & je n'entends pas ce que c'est que *la conséquence transformée en fait.*

Ah! voici le nœud : voyons donc à le trancher. M. de Montmorenci a vu, dans le Journal-pour du P. Lavaur, *tous les évènemens de notre première campagne* , c'est-à-dire, les expéditions de Goudelour, St. David, Divicottey, Tanjaour , *très-sagement & très-fidèlement racontés* , *& par-tout les plus grands éloges de M. de Lally.* On voit, dans le Journal-contre du P. Lavaur, depuis la première page jusqu'à

 ### OBSERVATIONS.

la page 55, *tous les évènemens de notre première campagne*, c'est-à-dire, les expéditions de Goudelour, St. David, Divicottey, Tanjaour, *très-follement & très-infidèlement racontés*, *& par-tout les satyres les plus grossières, les calomnies les plus atroces contre M. de Lally*. Je demande si M. de Montmorenci, si M. de Lally, si son Défenseur, si tous ceux qui ont eu & qui auront connoissance de ce double *fait*, ont eu & auront tort d'en *conclure* que le P. Lavaur *a écrit deux Journaux différens*, le *pour* & le *contre*, sur *les mêmes époques*, sur *les mêmes évènemens*, sur *le même homme?* Je demande s'il fut, & s'il sera jamais une *conséquence* plus *exacte?*

Il reste à justifier actuellement que le P. Lavaur a continué sa manœuvre après le départ du Marquis de Montmorenci, & a poussé, de front, les deux Journaux jusqu'à la fin. Or, entr'autres preuves, qu'on se rappelle ce qu'on a lu à la page

 OBSERVATIONS.

66 de mon Plaidoyer, & ce que ce Jéfuite, revenu de l'Inde, a formellement articulé à la Comteffe de la Guiche : *qu'il avait dreffé un Journal dans lequel la juftification de M. de Lally était portée au dernier degré d'évidence , & que ce Général était auffi innocent que l'enfant qui venait de naître.* La Comteffe de la Guiche n'exifte plus, je le fais, je la pleure encore , & dans le projet conçu pour mettre tant d'entraves à mon Jugement, on a bien calculé toutes les pertes de ce genre que je pourrais faire. Mais elle exiftait lorfque j'ai pris la plume. Mais elle ne s'eft pas tue cette femme dont on citait la franchife altière, la fenfibilité courageufe & l'amitié fublime ; cette femme qui, aux graces & aux vertus de fon fexe , joignait l'énergique & intrépide probité du nôtre, avec toute la nobleffe du fang qui coulait dans fes veines ; cette femme enfin qui, dans l'inftant fatal où l'Arrêt de mort venait

d'être rendu, courait à la tête des parens & amis de mon père chez le Chef de la commiffion, repouffait un bras qui s'offrait à elle, en s'écriant *qu'elle ne voulait pas d'un bras trempé dans le fang innocent*, forçait les bar-rières qu'on lui oppofait, & non pas en fuppliant, mais en ton-nant contre l'iniquité du Juge-ment, arrachait du premier Juge tremblant un délai de trois jours. Non elle ne s'eft pas tue ; & ceux qui l'ont entendue exiftent; & ils ne feront ni moins fenfi-bles, ni moins intrépides qu'elle, quand il fera queftion d'attefter cette vérité ; & fi M. Duval eft impatient d'en connaître quel-ques-uns, il peut dès aujour-d'hui entamer deux *correfpon-dances* à ce fujet, l'une avec le R. P. Caftelo, Religieux Auguf-tin, auffi confidéré que digne de l'être, l'autre avec le Chevalier de Macgregor, ce brave Com-mandant de Gingi, fi recom-mandable par la belle défenfe qu'il y a faite, & par les honneurs que ſes vainqueurs même ont cru devoir lui rendre (1).

————————

(1) Il tint trois mois encore après la reddition de Pondichéri, malgré l'embrâſement de ſa Ville-noire; malgré la néceſſité d'abandonner la partie baſſe de ſa Ville-blanche, faute de monde pour la garnir; malgré la vapeur peſtilentielle des trois montagnes ſur leſquelles il gardait ſes trois citadelles; malgré la diſette, les maladies, les révoltes, l'évaſion d'une partie de ſa garniſon; obligé, pendant quarante nuits, de faire la faction avec quatre à cinq Officiers, pour contenir le reſte de ſa troupe; ſans argent, ſans vivres frais, ſans remèdes. Enfin réduit à deux citadelles, foudroyé depuis un mois par le feu horiſontal de celle que les Anglais avaient priſe, n'ayant plus la force, avec tous les bras raſſemblés de ſa garniſon, de mettre une pìece de canon en batterie, manquant des plus vils alimens & n'ayant plus que pour deux jours d'eau dans une citerne infeſte, il ſe rendit lui quarantième d'une garniſon qui, ſix mois auparavant, était de 600 hommes. Il obtint de l'admiration de ſes vainqueurs tous les honneurs de la guerre; l'Inde entiere retentiſſait de ſon nom & de ſa glorieuſe défenſe: mais, de retour en France, il ne voulut pas calomnier M. de Lally; mais il cita publiquement les inſtructions par leſquelles M. de Lally lui avait recommandé, *quelque choſe qui arrivît à Pondichéri, de défendre Ging juſqu'à la dernière extrémité, dans l'eſpérance que la flotte, les Marattes ou la paix arrivant, les Français conſerveraient au moins un pied dans l'Inde :*

OBSERVATIONS.

Mais ce Journal-pour a disparu! Vraiment je le fais bien: ce n'était pas une piece à garder dans le fyftême d'alors, & l'on n'imaginera pas apparemment que ce foient les amis de mon père qui l'aient fupprimé. Voilà tout ce que j'en ait dit, & tout ce que j'en dirai tant que

---

il ne reçut aucune récompenfe, & M. de Fumel, dans fa Lettre circulaire, le qualifia d'*Agent de la trahifon de M. de Lu ly*, en ajoutant que *rien n'était facre pour fes mains facriléges*. Il eft vrai que, fur une interpellation un peu vive de l'offenfé, l'offenfeur a écrit de fa main & figné nonfeulement une rétraftation entière, mais un éloge complet, rendant hommage à *la belle défenfe de Gingi*, déclarant pofitivement qu'*il fe reprochait d'avoir été trompé par de faux propos*, & promettant formellement *de rendre dans toutes les occafions la juftice due à la probité, aux talens & à la conduite* de celui qu'il avait, par erreur, qualifié de *Traître* & de *Sacrilège*. Il eft encore vrai que le Tribunal des Maréchaux de France n'a ni jeté un regard propice, ni prononcé un Jugement doux fur tous ces écrits, & qu'il n'a pas tenu à lui de venger folemnellement l'honneur d'un Officier qui, pour fruit des fervices les plus éclatans, ne recueillait que les plus infames calomnies.

je n'en faurai pas davantage. Ce qui m'importait, c'était de prouver qu'il avait exifté, qu'il avait été vu : j'en avais la certitude pardevers moi ; j'en dois la démonftration publique à M. Duval.

Au refte les Lettres écrites à mon père par l'Auteur des deux Journaux, n'ont pas difparu : or, il n'en eft peut-être pas une qui ne démente une des calomnies du Journal-contre. Un trait, que je vais citer entre mille, fuffira pour donner une idée de la manière dont ce bon Religieux favait dire les deux contraires. Je fens que je m'écarte, mais l'importance de l'objet juftifiera la longueur de la digreffion.

On fait déjà en gros que mon père, Maître de S^t. David & de Divicottey, voulait fur-le-champ fe porter à Madras ; que, fur le refus fait par l'Efcadre de concourir à ce nouveau fiège, fur l'impoffibilité annoncée par M. de Leyrit de faire fubfifter l'armée ; en un mot, d'après les

OBSERVATIONS.

avis & les repréfentations du Gouverneur, des Confeillers, du Père Lavaur, il fut forcé de s'engager dans l'expédition du Tanjaour. Je vais rapprocher ce que le Jéfuite a dit fur cet objet dans fes Lettres à mon père, & ce qu'il a dit dans fon Journal contre mon père.

____

EXTRAIT DES LETTRES
13 & 19 Mai, 5 & 7 Juin 1758.

Nos Emiffaires partirent Samedi paffé pour le Tanjaour.... Je n'ai encore aucune nouvelle de mes Emif-faires du Tanjaour : je fuppofe qu'ils y travaillent... Nous comptions avoir l'honneur de vous voir après la prife du Fort St. David ; mais vous voulez apparemment faire une demi-douzaine de conquêtes avant de reparoître ici. Si cela eft, Monfieur, faites-moi la grace de m'appeller auprès de vous. J'ai à vous rendre un compte qui ne peut que vous faire plaifir, au fujet de ce que rapportent nos Emiffaires du Tanjaour, qui font arrivés hier au foir... Tout fe combine à jouhait pour attaquer le Tanjaour. L'expédition de Divicottey fe trouve placée, comme fi vous aviez

OBSERVATIONS.

voulu n'en faire qu'un moyen pour paffer à une autre plus importante, & qui vous coûtera moins . . . . Je crois en vérité qu'il n'en coûtera qu'une . -che . . . . . Dans l'incertitude . peuvent apporter les . . . . d'Europe . les e. . . . . s pri n.pies . . . . . z, Menfu . . . ins d'un m . . . de trois, s'il . . . . nord au fud. Qu'à . . . . oir, le troifieme mois op . . . vée, détruit St. David, Div . . y, miné totalement la puiffance anglaife dans le fud , où elle nous a le plus fait fentir fon afcendant , conquis trois Royaumes , & VOUS TROUVER PLUS EN ÉTAT QUE VOUS N'ÉTIEZ EN ARRIVANT, D'ALLER ATTAQUER MADRAS !

EXTRAIT DU JOURNAL-CONTRE.
Pages 31 & 32.

On ne peut exprimer la confternation où la prife de St. David jeta les Anglais. Il me fuffit de dire que fi l'on eût marché droit à Madras , les Anglais étaient chaffés de la Côte Coromandel. Faut-il être furpris fi la prife de Divicottey fuivit de près ? . . . Un

OBSERVATIONS.

enfant de dix ans , Penſionnaire chez les Jéſuites , interrogé ſur ce qu'on devait faire, répondit : aller prendre Madras, *& tout Pondichéri fut convaincu que c'était-là où M. de Lally portait ſes armes victorieuſes. Mais quel fut l'étonnement des Politiques , quand on le vit pencher du côté de Tanjaour, & ſe décider auſſi-tôt ! Cette démarche , à laquelle perſonne ne s'attendait , donna lieu à des ſyſtèmes ſans fin. De zélés Patriotes qui cherchaient le vrai bien, eurent la douleur de ſe voir ſoupçonnés d'y avoir donné lieu , malgré leurs efforts pour l'empêcher. . . . . La ſuite fit découvrir le motif . . . . . . On préféra Tanjaour à Madras & à Arcate, quoique l'Anglais en eût évacué tout le pays, & que la poſſeſſion du dernier eût bientôt mis le Tanjaourien à la raiſon : MAIS CES OBJETS NE PRÉSENTAIENT QUE DES PROFITS ÉLOIGNÉS , ET C'EST DU PRÉSENT QUE L'ON VOULAIT.*

Eh bien! l'homme aux deux viſages, aux deux langues, aux deux plumes, le Défenſeur du pour & du contre, eſt-il aſſez connu ? Veut - on voir encore quelque choſe de lui? Voici le début de ſon Journal calomnieux.

Correspondance.　　*Observations.*

Lecteur , l'extraordinaire des faits dont j'ai à vous instruire , & les mouvemens que certains Particuliers se donneront pour en altérer la vérité ou en nier l'existence , vous donneront plus d'une fois lieu de douter de leur réalité. Je laisse au temps le soin de me venger de vos doutes . . . . Témoin de tout ce que j'ai à raconter , je ne prétends suivre d'autre guide que la franchise & la vérité . . . . Sans préjugés & sans prévention . . ce serait me faire injure , que de chercher chez moi autre chose que la vérité dans toute sa candeur & sa sincérité ; je l'aime , & je m'y tiens.

SINCÉRITÉ, FRANCHISE, VÉRITÉ, SIMPLICITÉ, CANDEUR... Sera-t-on surpris maintenant que M. Duval ait sans cesse tous ces noms à la bouche, dans l'instant même où sa bouche dit le mensonge que son cœur désavoue ? Le Père Lavaur les invoquait, sa plume ne cessait de les tracer, pendant qu'elle calomniait d'un côté ce qu'elle louait de l'autre. Et voilà l'homme sur les Ecrits duquel a porté tout entier le procès capital fait à un

Général connu par plus de cinquante années de bravoure & de fidélité, de fervices & de vertus ! Voilà l'homme qui a été le garant, le guide, & des Délateurs dans leurs dénonciations, & du Miniftère public dans fes plaintes, & des témoins dans leurs dépofitions, & des Commiffaires dans leurs interrogatoires & leur rapport, & des Juges dans leur Arrêt. Nous avons déjà dit tout cela, fans doute : mais répétons-le aujourd'hui, pour le répéter encore demain, pour le répéter mille fois d'ici au nouveau Jugement, pour le répéter mille fois encore après ce Jugement. Revenons à la Lettre M. Duval.

Au reste, permettez-moi, Monsieur, de vous demander si vous avez tenu dans vos mains, lu d'un bout a l'autre et de vos propres yeux le Journal du Père Lavaur, au moment de votre départ de Pondichéri, ou s'il vous l'a lu ligne par ligne. *Secretum*

Mademoifelle de Chevreufe, révoltée de la témérité de M. d'Aumale, de fes prétentions arrogantes, de fon inquifition fcandaleufe & de fes démentis infolens, difoit un jour devant lui au Cardinal de Retz, qu'*elle ne concevait pas comment on pou-*

MEUM MIHI, MON SECRET EST A MOI : JE CROIS BIEN QUE LE PÈRE LAVAUR POSSÉDAIT COMME UN AUTRE CETTE MAXIME, ET J'AI D'AUTANT PLUS DE PEINE A CROIRE QU'IL VOUS AIT LU MOT A MOT TOUT SON JOURNAL, QUE, D'APRÈS VOTRE LETTRE, IL NE ME PARAIT QUE L'AVOIR FEUILLETÉ AVEC VOUS.

Vous avez ajouté, Monſieur, à la mort de ce Jéſuite, *ET C'EST A MOI QUE VOUS CROYEZ DEVOIR LE DIRE*, que *vous voyiez tant de méchanceté & de menſonge dans les imputations qu'on faiſait à M. de Lally ſur les faits qui s'étaient paſſés ſous vos yeux, pendant le peu de temps que vous étiez reſté dans l'Inde, que vous étiez en droit de douter bien fort, & même de ne pas croire un mot de tout ce qu'on lui imputait depuis votre départ, juſqu'à ce qu'on vous l'eût prouvé clair comme le jour.*

vait ſouffrir un impertinent. Pardonnez-moi, Mademoiſelle, répondit le Cardinal ; *on fait ſouvent grace à l'impertinence en faveur de l'extravagance.* Mémoire du Cardinal de Retz, tome 2, page 170, édition de Cologne.

Quand j'ai aſſuré que Monſieur Duval avait bien ſenti toutes les conſéquences directes qui ſortaient contre lui de cette déclaration de M. de Montmorenci ? *Et c'eſt à moi que vous croyez devoir le dire !* Peut-on dire ſoi-même plus clairement : « je ſens que tout cela s'adreſſe à moi ; je vois que vous m'avez lu ; dans les *imputations* que je fais à M. de Lally, vous avez reconnu celles que lui faiſait la tourbe des calomniateurs Indiens ; ce ſont eux qui parlent par ma bouche, ce ſont eux qu'on lit dans mes Ecrits ; en les appréciant on m'apprécie ; leur *méchanceté* eſt la mienne, leurs

CORRESPONDANCE.

OBSERVATIONS.

menfonges font les miens, &c ? »

Vos doutes font, Monfieur, d'un homme d'honneur qui ne croit pas facilement aux traîtres.

Ah ! *un homme d'honneur ne croit pas facilement aux traîtres !* & par conféquent *un homme qui croit facilement aux traîtres n'eft pas un homme d'honneur*, l'un eft inféparable de l'autre. Lecteur, je vous fupplie de jeter les yeux fur les Ecrits de M. Duval, & de dire fi jamais *homme a cru plus facilement que lui aux traîtres.* Vous me répondrez peut-être qu'il n'eft pas poffible qu'il *croie* tout ce qu'il dit dans fes Ecrits : alors je vous demanderai *fi un homme qui dit ce qu'il ne croit pas, eft un homme d'honneur.* M. Duval s'eft placé là dans une rude alternative.

Mais, daignez lire mon fecond Plaidoyer,

Hélas ! il eft lu ; vous le favez bien ; vous venez de le dire vous-même bien clairement ; dans une minute vous l'allez dire plus clairement encore : & quand même il ne ferait pas lu, puifqu'il eft avéré que vous n'avez fait que répéter le Père Lavaur & fes complices, n'eft-il donc pas avéré auffi qu'en les jugeant on vous a jugé ; qu'en prononçant fur les anciens Auteurs, on a prononcé fur le nouvel Editeur ?

& la Correfpondance entre M. de Lally & mon oncle , j'ai l'honneur de vous l'adreffer.

Hélas ! elle était lue dès 1766 ; elle était jugée dès ce temps-là par la diftribution clandeftine que vous en faifiez , par le foin que vous preniez de dérober à mon père captif les notes dont vous la chargiez , par l'abfurdité évidente, par la baffe méchanceté , par les miférables argumentations , par le mauvais ton de ces notes. Et quand même elle n'aurait pas été lue, de bonne foi que pourriez-vous en efpérer ? Qu'y trouvera-t-on jamais que ce que je viens de décrire ? Quel homme jufte & fenfé , après en avoir vu deux pages , ne formera pas fur-le-champ la réfolution de s'en tenir au texte feul des Lettres , qui eft tout entier à la décharge de mon père , & d'abandonner au mépris qu'ils méritent tous ces commentaires anonymes, produits fans garant, fous le nom d'un homme mort, contre un homme enfermé, où l'on cite pour délits des intentions, pour preuves des conjectures, pour témoins des quidams, & qui révoltent & dégoûtent tour à tour, par le genre de diffamation qu'ils renferment.

Tant que vous n'aurez pas lu ces deux pieces, vous ne ferez pas, Monfieur, en état de prononcer.

Hélas! elles font lues, & c'eft en conféquence que M. de Montmorenci a prononcé; & nous venons de vous prouver qu'il n'avait pas même befoin de les lire pour être en état de prononcer.

Quand vous les aurez lues, vous y verrez, J'ESPÈRE,

C'eft une étrange manière de parler, que de dire : *j'efpère* qu'on verra des crimes; *j'efpère* qu'il y aura un fupplice à ordonner; *j'efpère* qu'il y aura du fang à faire couler, ou que du moins on confacrera, on fêtera, on renouvellera, autant qu'il fera poffible, la fcène qui en a répandu. Mais paffons fur la fenfibilité & la bienféance, arrêtons-nous à ce qui intéreſſe la ſtriĉte juſtice & la ſimple humanité. M. Duval annonce donc ici qu'il n'en eſt encore qu'à *l'eſpérance* pour les prétendues preuves des prétendus crimes de mon père. Ainſi , d'après mes ennemis eux-mêmes, il n'y a encore de *certitude* dans cette affaire que celle du ſupplice. *JE SUIS CERTAIN* que mon père a péri de la main du Bourreau, & ceux qui l'ont fait périr *ESPÈRENT* qu'il paraîtra coupable : tel eſt le langage de celui-là même qui parle d'après eux, qui parle comme eux , & qui prétend parler pour eux.

que l'expédition du Fort St. David prouve un homme emporté, un Général ſans prévoyance ; l'expédition du Tanjaour au moins une tête égarée par l'avarice ; & qu'à commencer au ſiége de Madras juſqu'à la reddition de Pondichéri incluſivement , ſa conduite eſt celle d'un traître.

Il eſt cruel de voir renverſer une *eſpérance* telle que celle de M. Duval , une *eſpérance* auſſi touchante & pour le mot & pour la choſe , une *eſpérance* dont l'expreſſion annonçait un eſprit ſi convaincu , & dont le ſentiment partait d'une ame ſi honnête. Mais enfin elle eſt renverſée : M. de Montmorenci n'a rien *vu* de tout ce qu'on *eſpé-*

OBSERVATIONS.

rait qu'il verrait ; il a *vu* tout le contraire ; il a *vu tant de méchanceté & de menfonge dans le récit des faits paffés fous fes yeux , qu'il n'a pas cru un mot du refle ;* & il a dit ce qu'il avait *vu.* Difons maintenànt quelques mots, en paffant, fur ce qu'on voulait qu'il vît.

DANS L'EXPÉDITION DU FORT ST. DAVID , UN HOMME EMPORTÉ ET UN GÉNÉRAL SANS PRÉVOYANCE. Mon père, débarqué à Pondichéri, ne trouve pas un feul magafin formé, un feul préparatif fait pour une expédition annoncée depuis plus d'un an. Il voit qu'on ne peut feulement pas lui fournir de plan des établiffemens ennemis, qu'on n'a même pas de guides fùrs à lui donner pour le conduire à quatre lieues, que dès la premiere marche on l'égare & on l'affame. Maître de Goudelour , il retourne à Pondichéri , pour s'occuper du fiege de St. David. *Onze jours ,* porte mot à mot le Journal du Comte

d'Eſtaing, *ſont employés en pré-*
paratifs, c'eſt-à-dire, à ſe con-
vaincre qu'on manque de tout ce
dont on a beſoin pour aſſiéger St.
David. Le ſiége commencé, au
ſignal convenu pour une attaque, les canons envoyés de Pondichéri ne tirent point, on s'apperçoit qu'ils ſont encloués. Il
ſe trouve des mécomptes de
mille bombes entre les états d'envoi de l'adminiſtration & les
états de recette de l'Artillerie.
Point de ſcies, point d'outils,
point de faſcines, de gabions, de
fauciſſons, point de bœufs de
trait, &c. Il faut convenir que,
dans tout cela, *l'homme ſans*
prévoyance n'était pas *le Géné-*
ral, à peine débarqué. A la vue
de ces traverſes, de cette diſette, de cette inertie ; aſſailli,
pour ſurcroît, d'autant de mur-
mures que de beſoins, *ce Géné-*
ral s'emporte ! j'en conviens. Il
lui échappe, dit-on, de s'écrier
dans un mouvement d'humeur,
qu'il fera atteler aux charriots
de munitions les Conſeillers de

　　　OBSERVATIONS.

l'Inde ! Cela fe peut, & c'eût été prouver qu'il n'y a rien dont on ne puiffe tirer parti. Mais je n'ai jamais nié que mon père fût vif, extrêmement vif ; mais j'euffe défié l'homme le plus froid, à moins qu'il ne fût le plus mauvais Citoyen, de ne pas *s'emporter* au milieu de tant de contradictions ; mais fes *emportemens*, loin d'être fon crime, prouvent fon zèle ; mais pour finir par le mot du Maréchal de Villars, *les bons Serviteurs à la guerre font ceux qui grondent* (1).

***

(1) Lorfque, dans la dernière guerre de Gènes, le brave Colonel de Royal-Comtois, chargé de défendre un pofte de la dernière importance, & outré de voir qu'on le laiffait manquer de tout, eut écrit à Gènes ces dix-fept mots avec fa fignature : *Sénat, Peuple, qui que vous foyez, de la poudre & des balles, ou la République eft f... ue,* on n'imagina pas, lorfqu'il fut de retour à Paris, qu'il fallût le mettre à la Baftille & lui faire trancher la tête ; & cependant il faut convenir que le Sénat de Gènes était autre chofe que le Sénat de Pondichéri. Depuis, cet Officier a toujours confervé le même efprit, & affez fouvent employé le même ftyle. Il eft Lieutenant-Général, du mois de Juillet 1762. On cite avec admiration fa bra-

OBSERVATIONS.

DANS L'EXPÉDITION DU TANJAOUR, AU MOINS UNE TÊTE ÉGARÉE PAR L'AVARICE. M. Duval, qui voit ici *le moins*, a vu *le plus* dans son second Plaidoyer : cette expédition qui ne lui présente aujourd'hui qu'*un avare*, lui présentait alors décidément *un traître*. Il faudrait cependant, quand on prétend articuler un délit pour justifier un supplice, savoir se fixer, d'autant plus qu'ici la différence du *plus* au *moins* est celle du *tout* au *rien*, car les Loix punissent *la trahison*, & elles ne punissent pas *l'avarice*. Dans la vérité, il n'y a pas plus prétexte à voir l'une qu'à voir l'autre. Et en effet, à quelle époque de cette expédition mon père aurait-il été *égaré par l'avarice ?* Ce n'est pas lorsqu'il en a formé le projet ; il lui a été

---

voure & ses talens; on cite avec gaieté son laconisme & son énergie, & l'on desire au Roi beaucoup de pareils Serviteurs. *Voilà les Officiers qu'il nous faut, Sire,* disoit au Roi le Maréchal de Saxe , en parlant de mon père.

infpiré , il lui a été préfenté comme la feule reffource de Pondichéri, par l'adminiftration de Pondichéri ; le Confeiller le Noir l'a dépofé en Juftice. Ce n'eft pas pendant qu'il a fuivi le projet ; il a verfé dans la caiffe un préfent de douze mille livres que lui avaient offert les Adjudicataires de Naour ; il a refufé un *lack*, c'eft-à-dire 240 mille livres que le Roi de Tanjaour lui offrait s'il voulait évacuer le pays ; il a fait remettre au Tréfor les contributions fournies par ce Prince, fans vouloir feulement qu'elles paffaffent par fes mains ; le Tréforier Chevreau l'a dépofé en Juftice. Ce n'eft pas lorfqu'il a abandonné le projet : fur la nouvelle que notre Efcadre venait d'être battue une feconde fois, il a *préféré la confervation de nos Etabliffemens au châtiment du Roi de Tanjaour,* & a été *plus occupé des intéréts du Roi & de la Compagnie, que de fa fatisfaction perfonnelle.* Un Confeil de guerre a décidé fa conduite, le Comte d'Eftaing l'a louée publiquement, le Conseil de Pondichéri a approuvé cette décision, a consacré ces louanges par une Délibération formelle, ce font leurs propres termes que je viens de citer. Où donc eft le Général *égaré par l'avarice?* Au contraire, on ne voit que défintéreffement, que générofité. Il eft vrai que l'on a dit que s'il avait pris la Ville, il l'aurait fûrement pillée. A cela mon père a répondu qu'il devait fe féliciter de n'avoir pas réuffi, puifque les Prophêtes de l'Inde avaient lu dans l'avenir que fes fuccès devaient lui coûter fon innocence. Je ne difputerai pas plus que lui fur la prefcience de ces Meffieurs. Seulement, après les avoir laiffé dire: *S'IL AVAIT ÉTÉ heureux, IL AURAIT ÉTÉ coupable*, j'ajouterai: *S'IL AVAIT ÉTÉ coupable, IL AURAIT ÉTÉ condamnable;* & je ne manquerai pas d'obferver que ce raifonnement eft généralement applicable prefqu'à tous les prétendus délits de mon père.

OBSERVATIONS.

ET A COMMENCER AU SIÉGE DE MADRAS, &c. SA CONDUITE EST D'UN TRAITRE. Oh ! mon père a trahi l'Etat au fiége de Madras ? Mais dans cette fameufe correfpondance que vous demandez tant qu'on life, dans ces fameufes notes, dans ces fameux avant-propos diftribués autrefois clandeftinement contre mon père vivant, produits aujourd'hui juridiquement contre mon père mort, M. de Leyrit dit, ou bien ceux qui parlent par fa bouche, lui font dire mot à mot, que *le fiége de Madras était le fondement des efpérances que M. de Lally fe faifait pour la France* : que *M. de Lally s'attacha à ce fiége avec l'empreffement qu'il avait de faire une conquéte qu'il regardait comme un gage anticipé des honneurs qu'il ambitionnait* *. Oncle & neveu, entendez-vous donc ; car je n'ai jamais oui dire qu'on devînt Maréchal de France en manquant volontairement une Place qu'on pouvait prendre, & perfonne encore n'a conçu que *l'em-*

* Pag. 178 & 179.

J'ose me flatter aussi, Monsieur, que ces expressions de *méchanceté* & de *mensonge*, rappellées dans votre Lettre, APRÈS L'ENVOI DE MON PLAIDOYER, ne concernent ni l'Auteur de ce Plaidoyer, ni M. de Leyrit.

pressement de faire une conquête pût s'allier avec la résolution de ne la pas faire. Mon père a trahi l'Etat au siége de Madras? Mais le Rapporteur qui a dressé l'échafaud de 1766, ce Rapporteur que vous avez extrait, que vous avez transcrit, qui vous a autorisé à le citer, à dit mot à mot dans son Résumé, *qu'à l'époque de la levée du siége, la tête avait tourné au Sieur de Lally, du dépit d'avoir manqué Madras* *. Auteur & Défenseur du rapport, soyez donc d'accord entre vous ; car on ne devient pas fou du dépit d'avoir manqué une Place qu'on était déterminé à ne pas prendre. Eh bien! Lecteur, que vous en en semble ? Voilà cependant où ils en sont tous, quand il est question d'assigner un délit à mon père.

O ! comme la conscience de M. Duval le presse ! Comme il s'accuse lui-même en s'excusant! Comme il montre que *ces expressions doivent le concerner*, en disant qu'elles *ne le concernent*

* Page 7.

pas! Mais y revenir deux fois; mais n'être pas content d'avoir fait ce premier aveu déjà ſi énergique, *& c'eſt à moi que vous croyez devoir le dire ;* mais faire bien remarquer à tout le monde que c'eſt *après l'envoi de ſon Plaidoyer* contre **M. de Lal-**ly, qu'on traite de *méchancetés* & de *menſonges* les imputations faites à **M. de Lally**, combien tout cela ferait mal-adroit, ſi encore une fois ce n'était pas ici le cri de la conſcience, cri involontaire, cri vainement combattu, & qui finit toujours par percer à travers les efforts qu'on fait pour l'étouffer !

Si vous avez à cet égard quelque notion poſitive ſur mon oncle & ſur moi, j'ai l'honneur de vous prier de la rendre publique : un Montmorenci ne doit & ne veut certainement rien dire d'équivoque.

Auſſi tout ce qu'a dit le Marquis de Montmorenci eſt-il fort clair. A cet égard, on ne peut nier qu'il ſoit un point ſur lequel **M. Duval** a diſputé de franchiſe avec lui. Rien de moins *équivoque* ſans doute que les expreſſions dont le premier s'eſt ſervi ; mais rien de moins *équivoque* auſſi que l'application que le ſecond s'en eſt faite à lui-même.

CORRESPONDANCE.

J'ai l'honneur d'être TRÈS-PAR-
FAITEMENT, Monſieur, votre très-
humble, &c.

Signé, D'ÉPRÉMESNIL.

RÉPONSE

*Du Marquis de Montmorenci à
M. Duval d'Eprémeſnil.*

J'ai reçu, Monſieur, la Lettre
que vous m'avez fait l'honneur de
m'écrire en date du 10 Juin 1780.
J'ai eu l'honneur de vous mander
par la mienne du 4 de ce mois, &
mes propos, & *ma façon de penſer*.
Je n'ai rien à y ajouter de plus.
J'ai l'honneur d'être, &c.

Signé, MONTMORENCI-LAVAL.

OBSERVATIONS.

Pour éviter juſqu'au bout
toutes les *équivoques*, il n'eſt pas
inutile de rappeller ici, car on
pourrait l'oublier, que la Lettre
qu'on vient de lire, eſt une Lettre écrite par M. Duval à M. de
Montmorenci.

Voilà vraiſemblablement comme Mademoiſelle de Lorraine,
d'après le mot du Cardinal de
Retz, eût écrit à M. d'Aumale,
ſi elle eût eu une réponſe à lui
faire.

Et remarquez que plus M.
Duval multiplie ſes Ecrits, plus
M. de Montmorenci perſiſte &
dans *ſes propos*, & dans *ſa façon de penſer*.

Paſſons à la correſpondance
avec le Chevalier de Crillon,
beaucoup plus longue, & qui
offre des détails bien plus ſin-
guliers encore.

Signé, le Comte de LALLY-TOLENDAL.

JARRIN, Procureur.

CORRESPONDANCE

AVEC

M. le Chevalier DE CRILLON.

AVANT-PROPOS.

Ames honnêtes, qui avez lu dans la mienne ; qui jufqu'ici avez été ma confolation & mon foutien, devenez aujourd'hui mes témoins & mes garans auprès du Public vertueux que j'appelle à mon fecours. Vous favez s'il en coûte à mon cœur de fe venger. En plaignant toute l'étendue de mes peines, vous avez vu toute la pureté de mes fentimens. En vous indignant des perfécutions que j'effuie, vous m'avez entendu gémir des coups que j'étais obligé de porter à mon perfécuteur. J'ai juré devant vous, & vous me l'avez prefque reproché comme une faibleffe, que fi fa nouvelle Requête d'intervention était rejettée fur-le-champ, comme elle ne peut manquer de l'être tôt ou tard, jamais fa correfpondance avec M. de Crillon, jamais les détails accablans qui ont dû en être la fuite, ne verraient le jour. Juges intègres, mais dont la juftice ne doit pas étouffer la fenfibilité, il en eft plufieurs parmi vous que j'attefte avec la même confiance. Je les adjure au nom de l'honneur & de la vérité : qu'ils difent fi je ne les ai pas preffés, fuppliés par l'intérêt même de mon Adverfaire, de faire ceffer fur-le-champ une lutte d'autant plus terrible pour lui, que c'eft toujours lui qui me provoque, toujours lui qui m'entraîne dans la lice, & que le poids de fon aggreffion finit par l'écrafer plus encore que celui de ma défenfe. Hélas ! même depuis l'Arrêt qui, en m'annonçant la juftice qu'on me doit, l'a cependant encore différée ; qui, en lui ôtant le droit de fe dire Partie, ne lui a pas ôté la liberté de tout ofer fous prétexte de chercher à l'être, on m'a vu inquiet, incertain. Le furlendemain de cet Arrêt, le

Mardi 2 Juillet, au milieu de l'Assemblée la plus respectable, pressé d'employer déformais toutes mes armes, je luttais encore contre la nécessité de lancer sur cet ennemi furieux les traits qu'il m'a lui-même fournis, & dont il me défie aujourd'hui de me servir.

Et dans ce même instant, cet homme que je m'accusais de combattre trop vivement, cet homme que je craignais d'accabler en me défendant contre lui, sans remords comme sans pitié, aiguisait contre moi les poignards de la haine, les trempait dans les plus affreux poisons, allait se vanter des *coups aussi rudes qu'inattendus* dont il voulait me percer, & dans le délire d'une rage, heureusement impuissante, il annonçait un nouveau genre de guerre aussi étranger à sa Cause, que honteux à son cœur; il publiait une espèce de manifeste, qui, en dévoilant ses passions, ne servait même pas ses intérêts, & dans lequel on n'a pas su qui était le plus outragé, de la raison ou de la décence, de la justice ou de l'humanité.

A Dieu ne plaise que je m'abaisse à discuter cette production fangeuse! Elle n'a pas même souillé mes regards. Enchaîné par l'acte que j'ai signifié à M. Duval le 26 Juin dernier, par la dénonciation que j'ai eu l'honneur de faire à M. le Procureur-Général le 1ᵉʳ. Juillet suivant, par ma déclaration du 3 Juin 1781, par l'engagement solemnel que j'y ai contracté, par le motif sacré de cet engagement, par des conseils enfin, que le lieu d'où ils partent me fait regarder comme des ordres suprêmes, je n'ai pas dû répondre au nouveau libelle, & j'ai refusé de lire l'ouvrage que je dédaignais de combattre. Mais la voix publique, au milieu des cris d'horreur qu'il excite, en a porté jusqu'à moi les principaux traits, & parmi ces traits est un défi de publier la *Correspondance de M. de Crillon :* j'ai dû relever ce défi , pour juftifier la néceffité à laquelle je fuis obligé de céder ; pour faire fentir que ma Caufe, mon honneur, mon refpect même pour M. de Crillon , ne me permettent plus d'héfiter ; pour montrer que je n'ai pas encore porté un feul coup à mes ennemis, qu'ils n'aient laffé ma patience , bravé mes égards, & forcé mon devoir. J'ai dû dire ce feul mot fur ce feul article du libelle, & me renfermer fur le refte dans un filence, dont il n'eft déformais ni infultes , ni diffamations, ni calomnies, qui puiffent me faire fortir avant le terme marqué.

O mon père, je fuis prêt à braver la mort pour vous. Eh ! comment ne braverais-je pas des injures ? Non , je ne violerai point le ferment que j'ai fait au Public , à ma confcience, à vous. Non, l'on n'aura point à me reprocher d'avoir facrifié l'intérêt de votre juftification à celui d'une vanité perfonnelle; d'avoir, en me livrant à une queftion étrangére & infidieufe, écarté le feul & grand objet de votre innocence. Et que m'importent après tout des cris échappés du milieu des convulfions de la haine & du défefpoir ? Que m'importe qu'un homme , qui détruit le foir ce qu'il a enfanté le matin, me fignifie que *je n'ai pas le droit de vous défendre,* après m'avoir fignifié *que la nature dans fa rigueur me condamnait à vous défendre* (1) ? Par-tout où j'ai dû des comptes, je les ai rendus. Par-tout où il m'a fallu prouver mes qualités, je les ai prouvées. Ici je ne fuis plus que l'homme de la Juftice , choifi par la Loi, maintenu par le Légiflateur, pour vous repréfenter individuellement, pour être vous-même dans votre procès. Voilà le feul titre dont j'aie à m'occuper. C'eft aujourd'hui pour moi le plus cher de

______

(1) Premier Plaidoyer de M. Duval, page 16.

rous , puifque c'eſt lui qui me donne le droit de vous défendre :
ce fera éternellement le plus glorieux , puifque ce fera lui qui
m'aura valu l'honneur de vous venger. Quand les devoirs que
m'impofe celui-là feront remplis , alors je verrai à repouſſer les
atteintes portées aux autres. Alors, fi une première injuſtice
peut fervir à en légitimer une feconde : fi les cruelles étreintes
de votre pofition , fi le joug accablant de votre infortune , en
vous ôtant la liberté de publier , en vous forçant même à diffi-
muler votre mariage , ont pu compromettre quelques-uns de
fes effets, les feuls que je ne regretterais jamais de perdre , les
feuls que j'ai dédaigné jufqu'ici de faire valoir (eh ! que me
fait l'argent , quand il eſt décidé que je porte votre nom , &
que je venge votre fang ?) : fi ce teſtament de mort (1) que
vousavez écrit & figné , pour ainfi dire, au pied de l'échaffaud ,
fi cette demande fi touchante , *qu'au moins il n'y eût pas deux
victimes* , ne me couvrent pas d'un bouclier impénétrable à tous
les traits : fi l'on peut me conteſter un état fondé fur mon extrait de baptême , fur l'acte de célébration & le contrat de votre
mariage (2), fur une fuite de titres originaux & authentiques (3):
fi l'on peut attaquer une poſſeſſion établie par une foule d'actes,
brevets, lettres, Arrêts, émanés du Souverain, de fes Confeils,
de fes Cours, de celle - là même dont l'erreur a fait tous nos
malheurs : fi quelqu'un enfin peut élever la voix , quand votre
famille s'eſt reconnue la mienne à la face de la Nation , quand
vos plus proches parens , vos germains, vos neveux, vos héritiers préfomptifs à mon défaut , ont déclaré juridiquement &
au Roi & à la Juſtice, *qu'ils feraient valoir pour moi tous les*

---

(1) Dépofé en original chez Me. Guefpereau, Notaire à Paris, rue de la Harpe.
.(2) Dépofés en originaux chez le même Me. Guefpereau.
(3) Partie entre mes mains , partie dépofée chez le même Me. Guefpereau.

droits qu'ils auraient fans moi ; qu'ils interviendraient pardevant tel Tribunal que ce fût, dans toutes conteftations , & contre toutes perfonnes quelconques qui voudraient me troubler , foit dans mes pourfuites pour votre mémoire , foit dans la poffeffion de mon état perfonnel : alors , dis-je , mais alors feulement , je fubirai ces difcuffions & ces débats. Je les fubirai , mon père , avec autant de fécurité que de fimplicité. Quelqu'en foit l'iffue , l'impoffible même dût-il devenir poffible contre moi , dût-on ne me laiffer que le fang que vous avez mis dans mes veines , je ne reprocherai pas à votre mémoire des malheurs dont je voudrais avoir été la feule victime. Je vous remercierai , je vous bénirai éternellement du bienfait d'une vie qui aura été confacrée à vous rendre l'honneur. Mon père ! … c'eft le cri de mon cœur , & les larmes , qui dans ce moment inondent mon vifage , font des larmes de tendreffe pour vous , & non de regret pour moi . … Mon pere ! foyez innocent , foyez juftifié , & que votre fils foit ce qu'il pourra.

Produisons-la donc cette feconde Correfpondance qu'on nous défie de mettre au jour , & voyons fi elle ruinera l'intérêt (1) qu'a excité la première en faveur de ma Caufe.

---

(1) Il femble que mes ennemis prennent à tâche de me fervir , & que cet intérêt précieux dont on m'honore , croiffe par chaque moyen qu'ils emploient pour le détruire. Je ne puis fonger fans attendriffement à toutes les marques de bienveillance & de protection que m'a valu le dernier libelle lancé contre moi. Dans tous les rangs , dans tous les ordres , dans ceux-là même que leur caractere , que leur élévation , que les préjugés des autres condamnent quelquefois au malheur de contraindre leurs affections , ç'a été à qui fe déclarerait le plus hautement & le défenfeur du père & le confolateur du fils. Il faut que j'en cite un trait entre mille ; il faut qu'on permette à mon cœur trop plein de fe répandre. On a vu dans la Correfpondance de M. de Mont-

morencé ce que j'ai dit de feue Madame de la Guiche, de son héroïque amitié, de ses courageux efforts pour détourner le glaive déjà levé sur la victime. Lorsque je lui payais ainsi le juste tribut que je lui dois, plusieurs autres personnes étaient associées dans mon cœur à tous ces sentimens, après l'avoir été autrefois aux actions qui me les inspiraient. Il en était une sur-tout, également généreuse, également sublime, qui, dans ces terribles instans, avait, s'il est possible, frappé de plus grands coups encore, plus fortement tonné contre l'injustice, plus puissamment soulevé les ames. Mais les malheureux sont circonspects, ils doivent l'être jusques dans l'effusion de leur reconnaissance, ils doivent craindre de trahir leurs Bienfaiteurs en les nommant: j'ai rendu hommage à la mémoire de Madame la Comtesse de la Guiche, & je n'ai osé prononcer le nom de Madame la Comtesse de la Marck. Instruite de mes craintes, elle a desavoué mon silence. Le seul soupçon de rougir d'un ami malheureux, la seule idée de mettre à protéger l'innocence la clandestinité qu'on met à commettre le crime, ont révolté son cœur magnanime. Elle s'est écriée dans l'enthousiasme de sa sensibilité : *Je me fais honneur d'avoir été des amis du père, & de m'intéresser au fils.* Elle a daigné me l'écrire à moi-même. Elle m'a écrit : *j'aimais tendrement votre père, j'ai pleuré amèrement sa mort...... j'aurais tout sacrifié à la réussite de votre entreprise aussi touchante que rare. Je mourrais contente, si, avant de finir ma carriere, je voyois l'innocence de M. de Lally reconnue juridiquement* Et après avoir accordé à mes prières le récit de ce qu'elle avait fait pour arracher à l'iniquité sa proie: *Je n'en attends,* m'a-t-elle dit, *ni louanges ni reconnaissance ; c'était mon sentiment que je satisfaisais & qui ne méritait aucune récompense. Mais enfin c'est mon bien. Je le réclame, & je mets ma gloire à n'abandonner jamais un infortuné.....* Femme réellement digne des adorations de tout ce qui met un prix à l'amitié & à la générosité, ah ! sans doute vous devez ne pas vouloir de louanges, vous êtes trop au-dessus d'elles. Mais jouissez d'avoir donné à la Cause du plus malheureux & du plus innocent des hommes, l'appui de votre nom & de vos vertus ; jouissez des bénédictions dont son fils vous comblera à chaque instant du jour ; & si les sentimens d'un infortuné qui n'en offrit jamais que de vrais, peuvent être comptés pour quelque chose au milieu des hommages de la vénération publique, dites-vous que cet infortuné, ses respects, ses vœux, sa vie, sont aussi *votre bien.*

CORRESPONDANCE

Avec M. le Chevalier de Crillon.

EN me plaignant de l'injuste & gratuite perſécution que me ſuſcitait M. Duval; en faiſant apprécier l'horrible frivolité du roman ſur lequel il appuyait ſes prétentions, la dériſion barbare avec laquelle il mettait en compenſation des *chagrins* & un *échafaud*, les *pleurs* de ſon oncle & le *ſang* de mon père; en préſentant le tableau rapide de tous les ſupplices que ce malheureux avait eu à eſſuyer dans l'Inde, avant celui qui l'attendait en France, voici ce que j'ai plaidé à Rouen.

Lorſqu'il apprenait que pendant le Siège de Tanjaour, à peine débarqué, n'ayant encore pu ni ſe faire aimer, ni ſe faire odieux par ſon nom ſeul de Réformateur, il avait penſé être aſſaſſiné comme l'a été depuis le Lord Pigot, PAR SES SUBALTERNES; *que peut-être il eût été victime dès cet inſtant, ſi le crime n'eût pas imaginé de rendre la vertu même ſa complice, ſi l'on n'eût pas eu la mal-adreſſe de croire qu'un deſcendant du brave Crillon pouvait être corrompu, ſi ce Crillon, qui exiſte, Meſſieurs, n'eût pas déclaré avec le ton qui lui convenait, que tant qu'il aurait une goutte de ſang dans ſes veines, & une baïonette dans ſa Troupe, il défendrait ſon Général . . . . . &c.*

Telles ſont encore mes propres paroles, ſans en retrancher comme ſans y ajouter une ſeule lettre; & je ſupplie encore inſtamment qu'on veuille bien les vérifier, page 88 de mon Plaidoyer.

M. Duval m'a encore répondu fièrement, pages 272 de ſa Réplique & 30 de fon Extrait : *Vous avez attefté le Chevalier de Crillon, & moi je réponds que cette affertion eft une calomnie ; j'adrefferai mon Plaidoyer au defcendant du brave Crillon.*

Il le lui a adreffé avec la Lettre que l'on va lire.

PREMIERE LETTRE

De M. Duval d'Eprémefnil au Chevalier de Crillon.

Monfieur le Comte,

Le S^r. Tolendal, curateur à la mémoire du Cte. de Lally, a plaidé à Rouen que *LE CONSEIL DE PONDICHÉRI avait voulu faire arrêter le Général Lally, & lui faire fubir le même traitement que le Confeil de Madras a depuis fait éprouver à Lord Pigot,*

Il a ofé vous attefter fur ce fait. J'ai répondu que cette affertion était une calomnie, & que j'adrefferais mon Plaidoyer au defcendant du

OBSERVATIONS.

.... *Il avait penfé être arrêté, comme l'a été depuis le Lord Pigot, PAR SES SUBALTERNES :* voilà bien mes termes. Lecteur véridique, eft-il queftion là du *Confeil de Pondichéri,* du *Confeil de Madras,* de *traitement,* &c? Remarquez fur-tout, & n'oubliez pas, je vous prie, que même dans la Lettre de M. Duval, même dans le traveftiffement qu'il préfente ici de mes phrafes, il n'eft pas queftion de fon oncle. Cette remarque aura fon application par la fuite.

Non - feulement je n'ai pas *attefté* le Chevalier de Crillon fur un fait que je n'ai pas plaidé ; mais, à proprement parler, je brave Crillon. L'article eſt à la page 272. Je remplis cet engagement, & je ſaiſis cette occaſion de vous offrir l'hommage du reſpect avec lequel je ſuis,

Monſieur le Comte,

Votre très-humble & très-obéiſſant Serviteur,

Signé, D'EPRÉMESNIL.

Paris, ce 29 Mai 1780.

* * *

RÉPONSE

Du Chevalier de Crillon à M. Duval d'Eprémeſnil.

Paris, 5 Juin 1780.

J'ai reçu, Monſieur, la Lettre que vous m'avez fait l'honneur de m'écrire, ainſi que votre Plaidoyer, que je lirai avec une extrème attention.

Je me hâte de vous donner l'éclairciſſement que vous paraiſſez deſirer. Je n'ai point dit que le Conſeil de Pondichéri m'eût propoſé de faire arrêter M. de Lally.

ne l'ai même *arreſté* ſur rien. J'ai poſé un fait général dont j'étais certain, & j'ai raconté deux circonſtances particulières de ce fait, qui concernent le Chevalier de Crillon : 1°. la propoſition qu'on lui fit ; 2°. ſa réponſe. Nous verrons s'il me démentira ſur ces deux circonſtances.

Mauvaiſe annonce pour M. Duval ; ce n'eſt pas *une attention extrème* qu'il lui faut ; l'attention la plus ſuperficielle eſt encore trop redoutable pour lui.

Ni moi non plus je ne l'ai pas dit.

<table>
<tr><td valign="top">

Correspondance.

J'ai dit que cette propoſition m'a été faite, pendant le ſiège de Tanjaour, par un Particulier (dont j'ai même oublié le nom), auquel je répondis que *tant qu'il reſterait des baïonnettes & des Soldats du Bataillon de l'Inde*, que j'avais l'honneur de commander alors, *je défendrais juſqu'à la dernière goutte de mon ſang le Général que le Roi nous avait donné.*

</td><td valign="top">

Observations.

.... *Que pendant le Siège de Tanjaour, il avait penſé être arrêté, comme l'a été depuis le Lord Pigot, par ſes Subalternes ; que peut-être il eût été victime dès cet inſtant, ſi le crime n'eût pas imaginé de rendre la vertu même ſa complice, ſi l'on n'eût pas eu la mal-adreſſe de croire que le deſcendant du brave Crillon pouvait être corrompu, ſi ce Crillon, qui exiſte, Meſſieurs, n'eût pas déclaré avec le ton qui lui convenait, que tant qu'il aurait une goutte de ſang dans ſes veines, & une baïonnette dans ſa Troupe, il défendrait ſon Général* : voilà bien ce que j'ai dit. Lecteur véridique, M. de Crillon ne dit-il pas la même choſe que moi? Ne la dit-il pas preſque termes pour termes? & aurez-vous la patience de dévorer encore un volume de Repliques & de Dupliques, toutes fondées ſur l'équivoque de quatre mots, qu'il a plû à M. Duval d'introduire dans ma première phraſe?

</td></tr>
</table>

| CORRESPONDANCE. | OBSERVATIONS. |

Voilà , Monsieur, l'exacte vérité. Je n'en instruisis jamais le père ; je l'ai dit au fils ;

Le père a su tous ces complots cependant, puisqu'il en a parlé dans ses interrogatoires, & *le fils* a pardevers lui la preuve vocale & littérale , non-seulelement qu'ils ont été formés , mais qu'ils ont été renouvellés plus d'une fois, qu'on a voulu y faire entrer le Chevalier de Soupire , qu'enfin un Membre du Conseil de Pondichéri en a fait l'aveu ; & pour parler cathégoriquement, ce Membre est le Conseiller le Noir ; & son aveu est consigné dans des Libelles rédigés par lui & envoyés à la Compagnie des Indes , sous le titre honnête de *Mémoires anonymes*, reconnus pour son Ouvrage par la déclaration d'un de ses Camarades-Conseiliers, consignés & enrégistrés comme tels dans le dépôt de la Compagnie, tirés de ce dépôt par Arrêt du Parlement de Paris en 1764, & restés enseveli, dans la poussière des Greffes jusqu'à l'Arrêt du Conseil d'Etat du 14 Septembre 1778 , qui a ordonné d'envoyer aux nouveaux Juges toutes les pièces mises à l'écart par les anciens. Ils font intitulés *premier* & *second Recueils*, cotés *183* & *184*, *fos 3*. Cela est-il positif?

Il est vrai (car je veux être jufte, même avec mes ennemis, & cet exemple fera du moins rougir M. Duval, s'il ne le corrige pas), il est vrai que le Confeiller le Noir, en parlant d'un de ces complots, affure que le Gouverneur Leyrit refufa d'y entrer quand on le lui propofa, & *défendit* même *avec colère* de l'exécuter. Il fait l'aveu formel & précieux, que c'est uniquement *à M. de Leyrit que M. de Lally doit de n'avoir pas été arrêté depuis long-temps*. Dans un endroit, il en blâme ce Gouverneur comme d'un acte de faibleffe & de pufillanimité, en s'écriant que *c'était le feul parti à prendre*. Ailleurs, il l'en loue comme d'un acte de fageffe & de prudence, en fongeant à l'attachement du Militaire pour mon père, & en s'indignant de ce que les Troupes du Roi n'avaient pas été mifes aux ordres du Confeil Marchand de l'Inde. Enfin, il confeffe humblement que ce qui a le plus contribué à fauver mon père, ç'a été la franche poltronnerie de tous tant qu'ils étaient. *Nous avons des yeux*, dit-il; *plût à Dieu que nous euffions le cœur & les bras auffi bons!* (Second Recueil, pag. 69, 70, 310, 311, 312, &c.) Encore une fois cela eft-il pofitif? & M. de Leyrit de plus ou de moins dans le complot, fait-il que ce complot n'a pas exifté?

& en vérité le fils du Comte de Lally a bien pu fe permettre des conjectures. Je crois lui devoir de lui communiquer votre Lettre & ma Réponfe ; & je m'engage à la même démarche envers vous, en pareille circonftance.

J'ai l'honneur d'être, &c.

Signé, le Chevalier DE CRILLON.

C'eft ici qu'on voit toute la candeur & toute la loyauté d'un Crillon. Il ne lui vient pas dans l'idée que, pour lui fubtilifer une déclaration contre moi, on ait pu falfifier mes phrafes. Il croit que j'ai plaidé réellement ce qu'on lui rapporte m'avoir entendu plaider; qu'emporté par mon zèle, j'ai étendu, fans m'en appercevoir, ce qu'il m'avait dit ; que j'en ai porté l'application plus loin que lui, & que, tirant des *conjectures* générales du *fait* particulier qu'il m'avait raconté, je l'ai appellé en témoignage contre le Conseil de Pondichéri. Il restreint le *fait* dans les bornes qu'il a prétendu lui donner, & excuse les *conjectures* que ma position, mes malheurs & la conduite de mes ennemis ne lui paraissent que trop justifier. Qu'on juge ce qu'a dû éprouver un homme de ce caractère, lorsqu'à la première inspection des Lettres qu'il m'envoyait, j'ai couru chez lui ; lorsque je lui ai montré mon Plaidoyer imprimé, qui était déjà entre les mains des Miniſtres, & sous les yeux du Bureau des Caſſations, parmi les Pièces juſtificatives de ma Requête ; lorsque je lui ai fait lire, à la page 88, l'article dont il était queſtion ; lorsqu'il a vu une ſi grande différence entre ce que j'avais dit & ce que l'on me faiſait dire ; lorsqu'enfin il a reconnu que je

CORRESPONDANCE.	*OBSERVATIONS.*
	n'avais feulement pas prononcé le nom du *Confeil*, & qu'auffi circonfpect qu'on m'avait dit téméraire, me bornant aux feuls *faits* dont j'étais certain, j'avais cru devoir m'interdire toute *conjecture* dans le récit d'un complot évidemment réel, mais néceffairement ténébreux, trop obfcur & trop horrible tout-à-la-fois, pour qu'il foit permis d'y défigner nommément aucun coupable, fans avoir la preuve pofitive en main. On doit voir cependant par tout ce qu'on vient de lire, que j'aurais pu en dire davantage.

LETTRE

Que m'a adreffée le Chevalier de de Crillon, écrite de fa main.

Je vous envoie, mon cher Comte, une Lettre que j'ai reçue de M. d'Eprémefnil, avec ma réponfe. Je connais trop vos fentimens & votre délicateffe, pour n'être pas perfuadé	Eh bien, Lecteur! eft-ce là un témoignage mendié, follicité, arraché, également facile & fufpect? Celui qui le donne a-t-il une franchife affez fcrupuleufe,

que vous ferez le premier à approu-
ver l'engagement que j'ai contracté
avec lui. Vous voulez certainement
devoir tout à la vérité , & rien à
l'amitié. Plus je me ferai un devoir
d'une exacte & ftricte impartialité,
& plus mon témoignage acquerra
de poids, toutes les fois que j'attef-
terai ce que J'AI VU de la *bravoure*,
du *patriotifme* & du *défintéreffement*
de votre père. Je pars pour la campagne, d'où je reviens d'aujourd'hui
en huit, & j'efpère vous voir le len-
demain. Adieu , mon cher Comte;
je vous embraffe de tout mon cœur.

une intégrité affez févère ? Fait-
il affez taire la fenfibilité devant
la Juftice ? Tient-il enfin la ba-
lance affez égale entre l'homme
que fon cœur chérit & celui qui
eft, au moins, étranger à fes
yeux ? Ah ! il m'a bien jugé ,
j'ofe le dire, quand il a écrit
que *je ne voulais rien devoir qu'à
la vérité ;* & dorénavant, lorfque
la haine s'efforcera de me défigurer aux yeux du Public, dont
elle m'envie l'intérêt, j'oferai
encore m'écrier avec confiance :
« Qui que vous foyez, qui en-
» tendez calomnier mes fenti-
» mens, & qui *ne les connaif-*
» *fez pas,* voyez comment les
» apprécie le Chevalier de Cril-
» lon, qui *les connaît,* » & je
me croirai juftifié, je me croirai vengé par ce feul cri. Mais
combien le début de cette Lettre
ajoute donc de force à ce qui
la termine ! Ainfi, voilà un
Montmorenci qui délare n'avoir
vu que *menfonges* & *méchancetés* dans les imputations faites
à mon père; & voilà un Crillon

qui déclare avoir vu *bravoure*, *patriotifme*, *défintéreffement* dans la conduite de mon père. Avec deux Témoins de cette trempe, quelle nuée de Calomniateurs ne diffiperait-on pas? Et ce double triomphe, ces déclarations fi précieufes, fi formelles, fi authentiques, c'eft toujours à M. Duval que je les dois; c'eft toujours fon interpellation qui me les vaut. Il femble que, par une efpece de prodige dû à ma Caufe, chaque trait qu'il m'a lancé fe retourne auffi-tôt contre lui, & aille le percer d'outre en outre dans l'inftant où il croit que j'en fuis atteint.

SECONDE LETTRE

De M. Duval d'Eprémefnil au Chevalier de Crillon.

J'ai reçu, Monfieur, la Lettre que vous m'avez fait l'honneur de m'é-

Même changement de ton; même diminution d'égards & de

crire le 5 de ce mois, en réponse à la mienne.

Je ne puis que vous remercier, Monsieur, d'avoir envoyé l'une & l'autre au Défenseur du Comte de Lally. M. le Mis. de Montmorenci, à qui j'ai pris aussi la liberté d'écrire sur un article qui le touchait, en a fait autant.

Au reste j'étais, Monsieur, bien sûr que votre Lettre serait une forte Réponse, non pas aux conjectures, mais aux téméraires assertions du Défenseur de M. de Lally. Il n'a

respects; M. Duval n'est pas plus content de M. de Crillon qu'il ne l'a été de M. de Montmorenci. Il sait bien que l'opposition prétendue, qu'il va élever entre M. de Crillon & moi, gît toute entière dans la petite falsification qu'il a pratiquée en me citant; que dès-lors elle ne peut pas faire une longue illusion; qu'on cherchera mes phrases dans mes propres Ecrits, & qu'en les rapprochant de la Réponse de M. de Crillon, on verra qu'il a répété, presque mot pour mot, ce que j'ai plaidé.

Encore même tournure que dans la première Correspondance, &, à coup sûr, autant de sincérité dans les *remerciemens* faits à M. de Crillon, que dans les *applaudissemens* donnés à M. de Montmorenci.

On est prévenu que toute cette Correspondance ne va plus rouler que sur une équivoque. Restituez à ma phrase ce que M.

pas conjecturé, il a *PLAIDÉ FOR-MELLEMENT* que *le Conseil de Pon-dichéri avait voulu faire arrêter M. de Lally , & lui faire subir le même trai-tement que le Conseil de Madras a de-puis fait éprouver à Lord Pigot.* Ce furent *SES PROPRES TERMES* , à l'appui desquels il a, Monsieur, in-voqué votre témoignage ; mais le voilà démenti par votre Lettre.

Vous me faites l'honneur de me dire que cette proposition *de faire arrêter M. de Lally , vous a été faite durant le Siege de Tanjaour , par un Particulier dont vous avez même ou-blié le nom.* C'est donc le rêve d'un homme trop obscur pour que son nom vous ait frappé , trop isolé pour qu'on ait apperçu la plus lé-gère commotion , soit au Tanjaour parmi les Troupes , soit à Pondi-chéri dans le Conseil, que le Cu-rateur à la mémoire du Comte de Lally travestit , sous votre nom, en un complot du Conseil de Pondi-chéri contre le Général Lally , tel qu'on a vu depuis le Conseil de Ma-dras en former un contre Lord Pigot.

Duval en a retranché , retran-chez-en ces quatre mots qu'il y a introduits, *le Conseil de Pon-dichéri ;* tout s'écroule. Cherchez mes *propres termes* dans mon Plaidoyer ; rappellez - vous le texte même de ce Plaidoyer, le passage entier produit en tête & reproduit en marge de la Lettre de M. de Crillon ; tout se vérifie. Je ne me répéterai plus à cet égard.

Quoi! parce que le complot n'a pas été exécuté, il n'a pas été formé ? Parce qu'il n'y a point eu de *commotion dans les Troupes ,* le projet d'en exciter est nécessairement *le rêve d'un homme obscur ?* Quoi! lorsqu'un Crillon s'écrie que lui & ses Sol-dats défendront leur Général jus-qu'à la dernière goutte de leur sang, ses paroles ne sont pas un coup de foudre pour des cou-pables, toujours si aisés à inti-mider ? Il n'y a pas là de quoi faire avorter un *complot* , de quoi prévenir une *commotion ?* Nous allons bientôt entendre le

Je dis plus, vous comptiez, Monfieur, fur les Soldats du Bataillon de l'Inde pour défendre le Général. Vous répondites, & vous me faites l'honneur de me l'apprendre, que *tant qu'il refteroit des baïonnettes & des Soldats de l'Inde, que vous aviez l'honneur de commander alors, vous défendriez jufqu'à la derniere goutte de votre fang le Général que le Roi vous avait donné.*

MONSIEUR, JE CROIS DEVOIR VOUS APPRENDRE A MON TOUR, que le curateur à la mémoire du Comte de Lally a parlé, en pleine Audience, du Bataillon de l'Inde avec le dernier mépris ; qu'il a peint aux yeux du Parlement & du Public le Corps militaire qu'un defcendant du brave Crillon *s'honore* d'avoir commandé, comme une Troupe fans valeur & fans difcipline, donnant l'exemple à toutes les autres de la lâcheté devant l'Ennemis, & de l'infubordination devant le Général. *Mais fur ce point, comme fur le premier relatif au Confeil, je fuis là encore convaincu par votre Lettre.*

Chevalier de Crillon lui-même répondre à l'idée du *rêve* & de *l'homme obfcur*, & celui qui a conçu cette idée ne fe félicitera pas de l'avoir mife au jour.

J'ai plaidé mot à mot cette réponfe de M. de Crillon ; ainfi ce n'eft pas de lui que M. Duval l'a *apprife.* Mauvaife rufe, précaution auffi peu adroite que peu naturelle, pour faire croire qu'il ignorait ce qu'il a tu fciemment.

O ! combien je me croirais à plaindre ; ô ! combien je rougirais de moi, fi un pareil trait fût jamais forti de ma plume ! fi, fans néceffité, fans utilité, fans le moindre rapport à mon objet, uniquement pour femer la difcorde entre deux cœurs unis, pour verfer dans l'un le fiel de la haine & le defir de la vengeance contre l'autre, j'euffe pu embraffer un pareil moyen ! fi, même après en avoir conçu l'idée, je n'euffe pas fenti ma main fe glacer fur ces horribles mots :

Observations.

je crois devoir vous apprendre! Je n'ai encore vu perſonne les lire ſans friſſonner. Non, M. Duval, non ; vous ne nous mettrez point aux priſes le Chevalier de Crillon & moi. Nous ne nous égorgerons point, pour vous débarraſſer d'un Adverſaire ou d'un Témoin également importuns. *Apprenez*, vous qui prétendez inſtruire les autres, qu'il n'y aura jamais de ſang répandu entre le Chevalier de Crillon & moi, que celui que l'un des deux verſerait pour la défenſe de l'autre. *Apprenez* que juſqu'à la derniere goutte du mien coulerait pour lui avec tranſport ; & que ſi, en répandant du ſien, il croyait pouvoir ſceller la juſtification du père, & couronner les travaux du fils, ſon attachement & ſes regrets pour la mémoire de l'un, ſon intérêt & ſes bontés pour l'exiſtence de l'autre, en feraient, non-ſeulement un devoir à ſa généroſité, mais encore une jouiſſance à ſon cœur. *Apprenez* ſur-tout, que ſi, dans un inſtant de diſtraction, il m'était jamais arrivé, je ne dis pas de lui faire une offenſe, la choſe eſt impoſſible, mais d'oublier ce que je lui dois, je mettrais ma gloire à lui en demander le pardon ; que je croirais ne pouvoir le lui demander trop authentiquement ; que ce ne ſerait pas aſſez pour moi de me jeter dans les bras de mon ami, que je tomberais aux genoux de mon bienfaiteur ; c'eſt le nom que je donne, c'eſt l'hommage que je porte à quiconque a défendu l'innocence de mon père, à quiconque, ſans me connaître, a chéri en moi la mémoire de mon père ; & je ſuis plus reconnaiſſant, plus touché, plus fier mille fois des ſentimens que j'ai obtenus au nom de ce père infortuné, que de ceux qu'on a pu m'accorder perſonnellement. Mais, grace au Ciel, je n'ai point de reproches à me faire. Paſſé dans l'Inde en qualité de Colonel, mais ſans Régiment, attaché tantot à une Troupe & tantôt à l'autre, commandant le Bataillon de l'Inde à Tanjaour, & le Régiment de Lally à Madras, le Chevalier de Crillon fait bien qu'en disant de tristes vérités sur telle ou telle Troupe, je ne l'ai pas plus offensé, que je n'ai offensé mon père qui les commandait toutes. Je lui ai montré ce que j'avais plaidé sur celles de l'Inde. Il a vu que vous aviez encore falsifié cet endroit de mon Plaidoyer en le citant; qu'obligé, malgré moi, de présenter un tableau aussi affligeant que vrai des Employés Civils & Militaires de Pondichéri, j'avais fait une exception formelle, j'avais rendu des hommages non équivoques à *une portion d'honnêtes gens* *P.g: 162. *& de braves Militaires* *, & que vous supprimiez absolument cette partie de mon tableau. Il a reconnu, en gémissant, l'authenticité des témoignages & la force des preuves sur lesquelles je m'appuyais; & quand il a vu mes yeux se mouiller de larmes à la seule idée qu'on pût m'accuser de lui avoir fait la plus légère injure, il m'a ouvert ses bras, il m'a pressé contre son cœur; au lieu d'une scêne de vengeance & de carnage, c'est une scêne d'attendrissement & de générosité que vous avez fait éclorre.

Actuellement argumentons. Quoi! sur ce que j'ai dit des Troupes de l'Inde, *je suis confondu par la Lettre de M. de Crillon?* Quoi! parce que M. de Crillon a écrit qu'*il avait l'honneur de commander alors* l'Infanterie de ces Troupes, ce que j'en ai dit n'est pas vrai?

Il n'est pas vrai qu'au combat de Madras, en 1758, la Cavalerie de l'Inde a refusé d'exécuter le premier ordre qu'elle a reçu, & a compromis le succès de la journée? Qu'à la premiere bataille de Vandavachi, en 1759, elle a refusé net de marcher,

&

OBSERVATIONS.

& nous a empêchés de profiter de notre victoire ? Qu'à la seconde bataille de Vandavachi, en 1760, elle a refusé trois fois de suivre mon père à l'Ennemi, l'a laissé seul sur le champ de bataille, & a concouru, avec la défection des Marates, à notre défaite ? Que pendant le blocus de Pondichéri, envoyée pour chercher des vivres, elle n'a plus reparu, s'est révoltée, s'est vendue au Maïssour, a poussé des cris de joie auprès de son Chef qu'elle croyait empoisonné par des eaux pestilencielles, a dansé enfin autour de lui, en chantant : *plus de Pondichéri, plus de Commandant ?*

Il n'est pas vrai que l'Infanterie ou le Bataillon de l'Inde a manœuvré directement contre ses instructions à l'attaque du 2 Septembre 1760 ? Qu'en faisant une marche rétrograde, au lieu d'aller droit à l'ennemi, elle a fait échouer une attaque dont, jusques-là, le succès avait été complet, & qui était la seule ressource de Pondichéri? Que des Officiers de ce Bataillon disaient hautement, à l'arrivée des Troupes du Roi : *nous autres, nous faisons la guerre aux roupies & aux pagodes?* Que des Commandans pris dans ce Bataillon, ont livré lâchement deux de nos Places aux Anglais, & qu'un Conseil de Guerre les a *dégradés, cassés* & *déclaré indignes de servir le Roi ?*

Il n'est pas vrai que parmi les instructions, listes, notes, remises à mon père par le Roi, les Ministres, les Chefs de la Compagnie à Paris, les Chefs de la Compagnie dans l'Inde, on trouvait un article ainsi conçu : *Le Sieur de Lally aura l'attention de ne confier aucune expédition aux Troupes seules de la Compagnie ; il est à craindre que l'esprit d'insubordination & de cupidité ne leur fasse commettre des fautes, & il est de la prudence de les prévenir, pour n'avoir pas à les punir ?*

C

OBSERVATIONS.

Il n'eſt pas vrai que parmi ces mêmes inſtructions, liſtes, notes, on liſait, dans un état des Officiers de l'Inde *, à côté du ſecond nom, *incapable de mener cinquante hommes à la guerre?* A côté du ſeptième, *ſuſpect de connivence avec l'ennemi à Triche-rapaly; a volé impunément ſur les Cipaies, ſur les Aldées, ſur les travaux de la Compagnie; mauvais caractère, cabaleur, tout ce qu'on peut imaginer de pis?* A côté du neuvième, *eſpèce de fou, mauvais-ſujet?* A côté de l'onzième, *génie borné?* A côté du quatorzième, poltron & aucune idée du métier?* A côté du dix-huitième, *arrivé Pilotin, Officier par la protection de la Négraille, volé ſur tout?* A côté du dix-neuvième, *a fait comme les autres; il s'eſt trouvé dans ſes comptes la paie de ſix compagnies d'erreur?* A côté du vingt-cinquième, *pauvre ſujet, a grapillé tant qu'il a pu dans de petits commandemens?* A côté du vingt-ſixième, *mauvais-ſujet; pas l'ombre de ſon devoir?* A côté du vingt-huitième, de vilaines affaires; marié à des iſſues de Nègres; ne fait pas comme on tient un fuſil, & pouſſe la fatuité juſqu'à l'inſolence?* A côté du vingt-neuvième, *mauvais-ſujet?* A côté du trente-unième, a toujours fait le malade le jour d'une action; détaché dans pluſieurs poſtes, a toujours volé & pillé..... A l'affaire de Trivady, M. de Maiſſin, le voyant fuir avec un autre, ordonna à deux Dragons de courir après eux & de leur brûler la cervelle au cas qu'ils ne revinſſent pas; les Dragons ne purent jamais les atteindre..... A l'affaire du Pain-d'-Sucre on le trouva caché dans la montagne..... Au combat d'Elvanaſſour, on le trouva accroupi derrière un rocher..... & malgré tout cela d'une inſolence outrée?* A côté du trente-deuxième, *autrement dit Colas, fils d'un Marchand de vin, envoyé par protection à Tirnou-maley, a volé en deux mois douze mille roupies; exécrable ſujet?* A

OBSERVATIONS.

côté du trente-troisième, *ivrogne ?* A côté du trente-quatrième, *absolument imbécille ?* A côté du trente-cinquième & du trente-neuvième, *marqués indécemment au B?* A côté du trente-sixième, *chassé de Fischer?* A côté du trente-septième, *de Pilotin, Officier?* A côté du trente-huitième, *pas grand'chose ?* A côté du quarantième, *moins que rien ?* A côté du quarante-deuxième, *ivrogne, même bas-sujet ?* A côté du quarante-troisième, *pauvre sujet ; a volé 15,000 roupies à Oulaguillenour ; a été absous ayant épousé une espèce de Femme-de-Chambre de Madame B . . . . *?* A côté du quarante-sixième, *a volé par-tout impunément ?* A côté du quarante-septième, *Pilotin, parvenu par les Négresses ?* A côté du quarante-huitième, *a été renvoyé de l'Armée de Bussy pour mauvaise conduite ?* A côté du quarante-neuvième, *arrivé Soldat, sans aucune sorte de mérite ; Officier tout de suite par la protection de quelque Mosse ?* A côté du cinquantième, *Ecrivain de M. de Leyrit ; il n'en était pas content, & l'a fait Officier ?* A côté du cinquante-unième, *condamné en Europe ; sa peine a été commuée à passer sa vie aux Isles ?* A côté du cinquante-deuxième, *assez mauvais-sujet, Pilotin, ayant un frère Soldat, qui a passé par les verges ?* A côté du cinquante-troisième, *a été Vendeur de contre-biere aux Soldats, criant & la vendant lui-même ?* A côté du cinquante-quatrième, *on n'en a pas voulu pour Officier dans Fischer; on l'a pris dans le bataillon de l'Inde ?* &c. &c. &c.

Quoi ! tout cela est faux ? Quoi ! ces instructions, cet état, les notes qu'il présente, les faits qu'il rapporte, les Lettres de Dupleix, de la Compagnie, du Baron de Cécaty, les Ecrits, les Mémoires, ou manuscrits ou imprimés, composés & produits par les Conseillers contre les Officiers de l'Inde, avant, pendant, & après le Gouvernement de mon père, les épithetes

* Femme d'un Conseiller.

OBSERVATIONS.

de *lâches*, de *coquins*, de *fauſſaires*, de *voleurs*, de *traitres*; prodiguées juſqu'au dégoût preſqu'à chaque page de ces Ecrits, ainſi que dans les réponſes qui leur ont été faites, rien de tout cela n'eſt vrai, rien de tout cela n'exiſte, parce que le Chevalier de Crillon a écrit qu'*il avait l'honneur de commander le Bataillon de l'Inde*, au mois d'Août 1758?

Hélas! je ne me complais pas dans ces triſtes détails. Il m'en coûte plus de les publier pour ma légitime défenſe, qu'il n'en a coûté à M. Duval de m'y forcer par ſes injuſtes attaques. J'ai du moins voulu taire les noms, par égard pour quelques familles que je me reprocherais d'affliger ſi cruellement, & par pitié même pour des individus auxquels il me répugnerait de nuire gratuitement. Plus que jamais j'excepte cette *portion d'honnêtes gens & de braves Militaires*, prédéceſſeurs ou contemporains de ceux que je viens de citer, & qui, loin de figurer dans ce tableau déshonorant, doivent au contraire en former le glorieux contraſte. Plus que jamais je rends hommage aux vertus, aux qualités, à la bravoure toujours conſtante, ſouvent héroïque, des *la Touche*, des *Maiſſin*, des *Mainville*, des *Saubinet*, des *Langlois*, des *Dromane*, des *Héguerty* & de leurs ſemblables. Je dois même dire que ſur ce terrible état, dont je viens de rendre compte, pluſieurs Officiers étaient ou omis, ou indiqués comme indifférens & pas connus; que pluſieurs, & ceux-là je les nommerai, s'y préſentaient avec des notes honorables; que M. Méder y était caractériſé *vieux Officier*, *bon & honnête homme*; MM. de Baldick, de Saint-Denis, Riquet, *bons ſujets*; MM. Bourk, *très-bons ſujets*; M. de Macgrégor, *bon & excellent ſujet*; M. Pouſquelet, *bon Soldat*; M. Paſcaud, *brave &*

OBSERVATIONS.

bon Officier ; M. Carpentier, *fort bon Officier , beaucoup de détail, d'entendement, d'intelligence & de probité ; qu'enfin, à côté
du nom de M. du Penhair, on lifait cette note, fi énergique
en tout fens : il n'y a rien à defirer ; c'eft un homme de condition
qui a fervi en France ; il n'a pas réuffi infiniment parmi les Chefs,
parlant avec fincérité, vérité ; EN UN MOT, UN PHÉNIX POUR
LE PAYS.* Doublement vertueux, doublement méritans, &
parce qu'ils faifaient le bien, & parce qu'ils réfiftaient à la
contagion du mal, voilà les Officiers qu'un Crillon pouvait réellement s'*honorer* de commander. Mais combien ce nombre était
petit en comparaifon du refte ! Mais combien il eft ridicule de
prétendre que toutes les preuves, que tous les faits qui s'éle-
vaient contre ce refte, ont été détruits, *confondus* par une fimple
formule de langage, par une expreffion de convenance, que l'é-
ducation & la politeffe placent involontairement dans la bouche,
ou font trouver fous la plume d'un homme bien né ! M. Duval, parce qu'il a un ton à lui, imagine - t - il qu'il n'en exifte
pas d'autre ? Ignore-t-il que quand on commande, on *a toujours*
l'*honneur de commander,* comme quand on écrit, on *a toujours*
l'*honneur d'écrire ?* MM. de Montmorenci & de Crillon, en lui
répondant, ont commencé tous les deux par cette phrafe : « J'ai
» reçu la Lettre que vous *m'avez fait l'honneur* de m'écrire : »
en conclura - t - il que MM. de Crillon & de Montmorenci
s'honorent de recevoir une lettre de M. Duval ? & s'il m'arrive
de laiffer échapper le fentiment que fes Ecrits & fa conduite
ne m'ont que trop infpiré, viendra-t-il me dire : « *Vous parlez*
» *avec le dernier mépris* d'un homme qui *fait honneur* aux
» Montmorenci & aux defcendans du brave Crillon, quand il
» leur écrit ? »

CORRESPONDANCE.

Monfieur, le fang de Crillon coule dans vos veines. Je vous fupplie par ce fang généreux, je vous fupplie fur votre honneur, de me dire fi vous croyez qu'il foit permis au Défenfeur du Comte de Lally de conjecturer que MON ONCLE & le Confeil aient jamais penfé à faire arrêter le Général ? Sur quel fondement vous le croiriez ? Si vous croyez, par exemple, que la propofition de Tanjaour puiffe être attribuée, même indirectement, SOIT au Confeil, SOIT à mon oncle, & fur quel indice vous affeoiriez cette opinion ? Je vous fupplie, dis-je, Monfieur, par votre nom, par votre loyauté, de ne rien taire à ce fujet, & d'écrafer, s'il le faut, mon oncle & moi fous le poids de la vérité.

Ma Caufe exige que je publie ma première Lettre, la vôtre & celle-ci : j'ai l'honneur de vous en prévenir.

OBSERVATIONS.

Ne prévenons-pas la réponfe que le Chevalier de Crillon va faire à cet interrogatoire ; mais remarquons que voici la première fois qu'il eft queftion de l'*oncle ;* que M. Duval n'a point prétendu dans fa première Lettre, que j'euffe accufé fon *oncle* d'avoir part au complot ; & que j'avais plaidé expreffément que *je n'imputais à cet* oncle *aucun des faits dans lefquels je n'articulerais pas pofitivement fon nom.* (Voyez pages 51 & 52 de mon Plaidoyer.) C'eft en vérité un attachement bien fingulier, c'eft un bien étrange népotifme que celui de M. Duval ! Il eft furieux de ce qu'on ne veut pas dire de mal de fon oncle ; &, quand il voit qu'il ne peut parvenir à le faire accufer par les autres, il prend le parti de l'accufer en leur nom.

Je paraîtrai peut-être téméraire, mais enfin l'avenir en décidera ; j'en cours le rifque aujourd'hui, & j'ofe répondre que

cette menace faite à M. de Crillon, datée du même jour, a
auffi le même but que celle qui
a été faite à M. de Montmorenci ; que l'une n'aura pas plus
d'effet que l'autre, fi elle eft également bravée ; qu'il faudrait
interdire M. Duval, fi, malgré
fes jaétances extérieures, il ne
fentait pas au fond, combien
toutes ces pièces font viétorieufes
pour moi & foudroyantes pour
lui ; qu'enfin, il n'en fera jamais
publié une feule que par moi.
On fe rappelle bien avoir vu
dans mes Obfervations fur la
première Correfpondance, que
je les écrivais le 20 Juin, &
que M. Duval avait déjà perdu
dix jours fans rien publier. C'eft
bien pis ici : j'écris ces fecondes
Obfervations le 20 Juillet ; rien
ne paraît encore, & voilà plus
d'un mois écoulé : nous verrons
combien d'autres le fuivront (1).

---

(1) Je ne comptais alors que par mois ;
aujourd'hui l'on compte par années.

| CORRESPONDANCE. | OBSERVATIONS. |

CORRESPONDANCE.

Et pour vous mettre à portée de fixer votre opinion fur le Commiffaire du Roi & le Gouverneur de l'Indiclédi, permettez-moi de vous adreffer un exemplaire de leur Correfpondance.

J'ai l'honneur d'être, TRÈS-PAR-FAITEMENT, Monfieur, &c.

Signé, D'ÉPRÉMESNIL.

OBSERVATIONS.

Duffions - nous être monotones, répétons encore que cette Correfpondance était connue & les notes appréciées dès 1766.

Et rappellons encore, car on pourrait l'oublier, que la Lettre dont on voit la fin (1), eft une

____

(1) M. Duval, m'a-t-on dit, ne m'accufe de rien moins que d'avoir altéré les Lettres de M. de Montmorenci, en les imprimant. L'accufation commence par paraitre grave ; mais elle finit par devenir bien plaifante, quand on fait en quoi confifte le prétendu faux qui en eft l'objet. Il confifte à n'avoir pas imprimé tout du long, *Votre très-humble & très-obéiffant ferviteur*, avec la formule qui précède, & à n'avoir pas mis une parité exacte entre les deux Correfpondans. M. Duval fait des fauffaires comme des traîtres, à bien bon marché, & ce doit être un rude Criminalifte. Le fait eft que parmi toutes les Lettres qui m'ont été envoyées, les unes font originales, les autres ne font que copies. Dans les unes, la finale fe trouve toute entière ; dans les autres, le Copifte, comme il fe pratique journellement, n'a écrit que ces mots : *J'ai l'honneur d'être*, ou *J'ai l'honneur*, &c. Quand il eût été jufqu'au bout, je ne me ferois encore fait

CORRESPONDANCE.

OBSERVATIONS.

Lettre écrite par M. Duval à M. de Crillon.

———————————

aucun scrupule de l'abréviation. En vérité, la formule de MM. de Montmorenci & de Crillon à M. Duval, quelle qu'elle soit, est bien indifférente : il n'y a de piquant que le *très-parfaitement* de M. Duval A MM. de Crillon & de Montmorenci. Au reste, j'ai eu l'honneur d'écrire aux deux derniers, & tout sera réparé. Je les ai priés de vouloir bien m'envoyer ce qui leur reste d'originaux, & de nouvelles copies de leurs réponses, sans l'omission d'une seule virgule, certifiées & signées, *Bon pour copie.* Mon projet a toujours été de réimprimer, à la fin des deux Correspondances, le texte nud des Lettres, pour qu'on ne me soupçonnât pas d'avoir voulu en couper le fil, & faire illusion par mes remarques. J'attendrai, pour cette réimpression, que j'aie toutes les finales & tous les *Votre très-humble & très-obéissant serviteur :* j'en imprimerai autant qu'il y en aura. Convenez cependant, Lecteur, que voilà mes *observations* sur la première Correspondance bien réfutées.

D

GARDONS-NOUS d'interrompre par une feule remarque la Lettre réellement fublime que nous allons tranfcrire. Nous ne ferions rien fentir à celui qui n'aurait pas tout fenti en la lifant, & nous ne ferions rien avouer à celui qui défavouerait même ce qu'il aurait fenti. Avec l'inepcie ou la mauvaife foi, il n'y a rien à efpérer ni à tenter.

RÉPONSE

Du Chevalier de Crillon à M. Duval d'Eprémefnil.

Paris, 15 Juin 1780.

J'ai reçu, Monfieur, en arrivant de la campagne, la Lettre que vous m'avez fait l'honneur de m'écrire, ainfi que le Mémoire qui contient la Correfpondance.

Vous me preffez pour favoir ce que je penfe fur la propofition qui me fut faite à Tangiour, d'arrêter M. le Comte de Lally ; je veux bien me rendre à vos preffantes inftances. Eh bien ! JE VOUS JURE SUR MON HONNEUR, que je crois fermement que, fi j'euffe accueilli la propofition, *le rêve de l'homme d'état fe ferait réalifé.* J'ajoute à cette affertion, que bien loin de me per-

Lecteur, C'EST UN CRILLON QUI JURE SUR SON HONNEUR ! Pardonnez à ce cri qui m'eft échappé.

mettre aucune réflexion à ce fujet, j'en conçus une fi grande horreur, que je m'impofai dans le moment la loi de ne jamais en parler dans l'Inde, & que je ne cherchai point à fuivre le fil de cet abominable complot, qu'il m'eût été alors très-facile de trouver. Voilà la vérité que vous m'arrachez. Il n'eft pas permis de mentir, mais il eft permis de fe taire. La vérité, nous ne la devons qu'aux Juges ; notre opinion, qu'à nos amis. Vous avez la liberté de me faire des queftions ; j'ai le droit de ne pas y répondre ; j'ai l'honneur de vous prévenir que j'en uferai do-rénavant. Je ne veux pas m'expofer à ce que chacune de mes phrafes, que chaque mot foit interprété, dif-féqué, imprimé : la vérité eft fimple, fes expreffions ne doivent pas être mifes à la torture.

Vous me propofez d'écrafer Monfieur votre oncle & vous ; quelle propofition ! Vous me connaiffez mal, Monfieur d'Eprémefnil. Si je pouvais le faire, je m'y refuferais, & je vous le jure. Je ne dois ni ne veux jouer aucun rôle dans cette malheureufe affaire.

J'ai l'honneur, &c.

Signé, le Chevalier DE CRILLON.

<table>
<tr><td>

CORRESPONDANCE.

P. S. Lorsque je vous refuse mes réflexions & mon opinion, je vous avertis que vous auriez grand tort d'en tirer aucun avantage : je serai toujours prêt à vous répondre fort laconiquement, sur les faits que Monsieur de Lally, ou autres, pourraient avancer, en me citant comme témoin.

Je vais, ainsi que j'ai eu l'honneur de vous en prévenir dans ma première Lettre, faire passer à M. de Lally celle-ci & la vôtre.

</td><td>

OBSERVATIONS.

Combien M. Duval inspire de confiance ! Que le renom dont il jouit est flatteur ! Avec un autre, on est sûr du moins, en se taisant, de n'être pas compromis. Avec lui, l'on craint qu'il n'interprète jusqu'au silence.

</td></tr>
</table>

<table>
<tr><td>

TROISIÈME LETTRE.

De M. Duval d'Eprémesnil au Chevalier de Crillon.

Paris, 16 Juin 1780.

J'arrive de la campagne, Monsieur, j'y retourne demain, on me remet la Lettre que vous m'avez fait l'honneur de m'écrire hier. Le temps me manque & ne me permet pas d'y répondre ; mais je remplirai ce devoir envers vous, mon oncle & moi, dans le cours de la semaine prochaine.

</td><td>

OBSERVATIONS.

Cela veut dire : « Moi, je ne
» réponds pas comme un autre.
» Moi, je ne cherche pas dans
» une Lettre ce qu'elle dit ; j'y
» cherche ce qu'on peut lui faire
» dire, quoiqu'elle ne le dise
» pas, & même quoiqu'elle
» dise le contraire. Pour cela,
» il faut que j'en examine bien

</td></tr>
</table>

» toutes les phrafes, fillabe par
» fillabe; que j'avife aux moyens
» d'en interprêter & d'en forcer
» les expreflions, d'en tordre &
» d'en défigurer le fens ; il faut
» que je faffe un travail. Tra-
» vail long dans la circonftance :
» il s'agit d'obfcurcir l'évidence
» même, *le temps me manque-*
» *rait d'ici à demain que je pars,*
» il me faut tout *le cours de la*
» *femaine.* Travail réfléchi : il
» eft befoin d'une fubtilité que
» j'aurai moi-même de la peine
» à fuivre, le fracas de la Ville
» me détournerait, il me faut
» la folitude de *la campagne.* »
On va voir ce qu'a produit ce
travail; on va lire *la Lettre de
la Campagne.* Ce titre n'eft pas
heureux depuis 1765 : il femble
dévoué à être la trifte annonce
de l'injuftice dans fon dernier
période, & de la déraifon dans
fon plus parfait complément.

Il ne s'agit plus, Monfieur, de
former des conjectures, ni de pro-

Falfifier un récit : créer un
fait par lequel on fe prétend

poſer des queſtions, mais d'établir des preuves.

compromis, & par lequel on compromet un homme que l'on doit reſpecter à tous égards : interpeller ſur ce fait créé cet homme reſpectable : en recevoir une réponſe honnête, cathégorique, & que l'on dit ſoi-même être pleinement ſatisfaiſante : en ſe prétendant pleinement ſatisfait par ſes écrits, l'interroger audacieuſement ſur ſon opinion: après lui avoir demandé compte de ce qu'il avait dit ou n'avait pas dit, lui demander compte de ce qu'il croit ou ne croit pas : s'il ne répond pas, lui dire qu'il n'a pas droit de ſe taire: s'il répond, le menacer d'un procès parce qu'il ne s'eſt pas tu : pourſuivre ainſi & tyranniſer les hommes juſques dans l'intérieur de leurs penſées, juſques dans le ſecret de leurs cœurs & de leurs conſciences : non, jamais l'Inquiſition & ſes Familiers, jamais la Cour Vhémique & ſes Commiſſaires n'imaginèrent rien de pareil. La nature s'eſt trompée en feſant naître M. Duval en France & dans ce siècle.

J'espère que M. le Chevalier de Crillon m'a rendu la justice de croire, en écrivant sa dernière Lettre, que je n'hésiterais pas à publier ces preuves après les lui avoir adressées.

J'ai l'honneur d'être, Monsieur,

Votre très-humble & très-obéissant Serviteur.

Signé, D'ÉPRÉMESNIL.

Je n'y suis plus. J'avais pensé que c'était à M. le Chevalier de Crillon, qu'on demandait *d'établir des preuves* de ce qu'il avait dit : mais non; c'est M. Duval qui va *donner, adresser, publier des preuves*. Et de quoi? De ce que M. de Crillon ne croit pas ce qu'il *a juré sur son honneur croire fermement?* Quel tissu de déraisonnemens! Et toujours cette menace éternelle, & éternellement vaine, de *publier*. Pour cette fois il est constant, dès aujourd'hui, que M. Duval a faussé une partie de son engagement. Il devait *publier sans hésiter :* or, voilà un mois entier qu'il *hésite*. Nous verrons s'il remplira mieux l'autre partie, & si, après avoir *hésité*, il finira au moins par *publier*.

Je ne dois bien auffi ne pas faire d'Obfervations fur la Lettre qui fuit, par la même raifon qui, en fens contraire, m'a empêché d'en faire fur celle du Chevalier de Crillon; parce que, comme il eft un beau fublime, que l'on profane en y ajoutant des commentaires, il eft un galimatias piquant, que l'on émouffe en y mêlant la difcuffion. Mais il fera des remarques indifpenfables; il en fera même de très-étendues; & quelque foin que je prenne de les refferrer, il fera malheureufement des lignes qui fourniront des pages.

QUATRIÈME LETTRE

De M. Duval d'Eprémefnil au Chevalier de Crillon.

Ozouër-la-Ferrière, 18 Juin 1780.

Je reviens, Monfieur, à la Lettre que vous m'avez fait l'honneur de m'écrire le 15 de ce mois. Vous l'avez envoyée à M. de Tolendal. Elle fera publique, elle exige une réponfe qui le devienne : je n'ai pas balancé un inftant fur celle que j'avais à faire, le temps feul m'a manqué, j'ai cru devoir vous en prévenir fur-le-champ, j'efpère aujourd'hui vous en convaincre.

OBSERVATIONS.

Qu'on me paffe le mot, tout trivial qu'il eft; M. Duval *prêche des Convertis.* Même avant d'avoir lu fa nouvelle production, d'après toutes celles que nous avons déjà vues de lui, nous fommes tous bien *convaincus* qu'il lui a fallu du *temps* pour compofer fa Lettre & pour décompofer celle du Chevalier de Crillon. Ce qui n'eft pas auffi facile à faisir, c'est comment, *n'ayant pas balancé un instant sur sa réponse*, il a demandé *le cours d'une semaine* pour la faire. M. Duval a un excellent secret pour échapper à la réfutation, c'est d'échapper à l'intelligence.

J'ai pris, Monsieur, la liberté de vous demander deux chofes par ma Lettre du 10. Premièrement, *si vous croyiez qu'il fût permis au Défenseur du Comte de Lally, même de conjecturer que mon oncle & le Conseil eussent jamais pensé à faire arrêter le Général, & sur quel fondement ?* Seconde-ment, *si vous croyiez, par exemple, que la proposition du Tanjaour pût être attribuée, même indirectement,* SOIT *au Conseil,* SOIT *à mon oncle, & sur quel indice ?*

Ah! M. Duval, foyons exacts. Avant de propofer ces deux quef-tions particulières au Chevalier de Crillon, vous lui en avez pro-pofé une générale ; vous lui avez dit expreffément en parlant de la conjuration : *C'est donc le rêve d'un homme trop obscur pour que son nom vous ait frappé, trop isolé pour qu'on ait apperçu la plus légère commotion, soit au Tanjaour parmi les Troupes, soit à Pondichéri dans le Con-seil,* &c. (1).

Voici votre réponfe. *Je veux bien me rendre à vos preffantes inftances. Eh bien ! je vous jure fur mon hon-neur que je crois fermement que fi j'euffe accueilli la propofition, le rêve de l'homme obfcur fe ferait réalifé.*

M. Duval, foyons exacts. Le Chevalier de Crillon, après ces mots, vous a écrit ceux-ci : *J'ajoute à cette affertion, que*

______

(1) Voyez ci-deffus page 13.

OBSERVATIONS.

bien loin de me permettre aucune réflexion à ce fujet, j'en conçus une fi grande horreur, que je m'impofai dans le moment la loi de ne jamais en parler dans l'Inde, & que je ne cherchai point à fuivre le fil de cet abominable complot, qu'il m'eût été alors très-facile de trouver (1).

A préfent que tout eft rétabli, que j'ai reftitué, foit aux interpellations, foit aux réponfes, ce que vous leur aviez dérobé, celles-ci s'adaptent parfaitement à celles-là. Vous avez interpellé M. de Crillon fur l'opinion générale qu'il avoit du complot, en lui difant : *C'eft donc le rêve d'un homme trop obfcur, trop ifolé, pour qu'on ait apperçu la plus legère commotion,* &c. A cela M. de Crillon vous répond : *je vous jure fur mon honneur que je crois fermement que, fi j'euffe accueilli la propofition, le rêve de l'homme obfcur fe feroit réalifé.* Vous avez interpellé M. de Crillon fur fon opinion particulière quant à votre oncle & au Confeil ; *s'il croyait poffible de conjecturer qu'ils euffent jamais penfé à faire arrêter le Chabot ? S'il croyait que la propofition du Tanjaour pût leur être attribuée ?* A cela M. de Crillon vous répond qu'il ne s'eft permis aucune réflexion à ce fujet ; que, faifi d'horreur, il s'eft impofé la Loi de n'en parler à perfonne dans l'Inde, & qu'il n'a pas cherché à fuivre le fil de cet abominable complot. Tout cela eft conféquent ; tout cela eft clair ; tout cela eft digne d'un homme également courageux & loyal, qui, en difant ce qu'il fait, ne veut rien dire qu'il ne fâche, & croit, en matière auffi grave, ne devoir pas hafarder un feul mot ni à charge, ni à décharge. Mais vous, dans votre Réfumé, vous préfentez une feule ac-

---

(1) Voyez ci-deffus page 23.

réponses de M. Crillon, en supprimant le seul point de vos interpellations avec lequel elle se rapporte, & en la rapprochant des deux autres points avec lesquels elle n'a rien de commun; & vous supprimez ensuite la réponse relative à ces deux derniers points. *Vous avez demandé*, dites-vous, *au Chevalier de Crillon, s'il croyait que le complot & la proposition d'arrêter mon père, pussent être attribués à votre oncle & au Conseil; & le Chevalier de Crillon, pour toute réponse, vous a écrit qu'il croyait fermement que s'il eût accepté la proposition, le rêve de l'homme obscur se serait réalisé.* Voilà sans doute un excellent moyen pour faire paraître un homme absurde, au moins dans le premier moment : mais comme tout s'éclaircit, c'est un moyen plus indubitable encore pour paraître soi-même, en définitif, un homme de mauvaise foi & indigne de la plus légère confiance.

A cela, Monsieur, j'ai l'honneur

Très-*claire*, comme l'on voit,

de vous observer que votre réponse n'est ni claire, ni complette.

Vous voulez bien vous rendre, me dites-vous, à mes pressantes instances. Permettez-moi de vous dire que, me répondre ainsi, ce n'est pas vous y rendre. J'ai l'honneur de vous demander formellement, *si vous croyez que mon oncle & le Conseil* puissent être suspectés d'un complot contre le Général, & vous ne me répondez pas un seul mot *sur mon oncle ni le Conseil.* J'ai l'honneur de vous demander *sur quel fondement* vous croiriez à ce complot de la part de mon oncle & du Conseil; & vous ne me donnez pas, dans votre Lettre, *le plus léger indice.* Je n'ai point demandé à M. le Chevalier de Crillon *son opinion isolée* sur la proposition du Tanjaour; je lui ai demandé *son opinion motivée à l'égard de mon oncle & du Conseil sur cette proposition.* Or, M. le Chevalier de Crillon, non-seulement ne me donne pas son opinion motivée sur la proposition

lorsqu'on en rapproche chaque partie de l'objet sur lequel elle porte, & très - *complette*, lorsqu'on en rassemble toutes les parties, dont les unes avaient été tronquées & les autres supprimées.

Les Observations précédentes ont répondu d'avance à ce paragraphe; & d'ailleurs, le Chevalier de Crillon a encore daigné faire à cette Lettre l'honneur de la confondre. Mais admirons le ton despote qu'on voit règner ici & le dernier rafinement de l'Inquisition. Car enfin, si M. de Crillon *ne vous donne aucune espèce d'opinion sur votre oncle*, il ne fait donc ni à vous, ni à cet oncle, *aucune espèce* d'offense. Et s'il vous écrit qu'il n'a pas voulu avoir d'*opinion*, puisqu'*il ne s'est permis aucune réflexion*; qu'il n'a pas pu en avoir, puisqu'*il n'a pas suivi le fil du complot*; comment peut-il vous *donner* ce qu'il n'a pas? Ainsi, ce n'est pas assez pour vous en elle-même ; mais encore ne me donne aucune eſpèce d'opinion à l'égard de mon oncle & du Conſeil ſur cette propoſition.

qu'il ne ſoit pas l'Accuſateur de votre oncle : vous exigez impérativement qu'il en devienne l'Apologiſte ! Ainſi, après avoir voulu le forcer de vous révéler ſon opinion, vous voulez le forcer d'en avoir une ! La première prétention révoltait ; mais en vérité la ſeconde fait qu'on ſe reproche de s'être laiſſé aller à l'indignation. On ſent que ce n'eſt plus là le ſentiment qui convient à la choſe ; & pour moi, je m'attends à vous voir bientôt, comme le Chevalier de la Caſtille, errer de Province en Province, interroger par voies & par chemins tous ceux que vous y rencontrerez, &, non pas la lance mais la plume en arrêt, menacer d'un combat à votre mode, quiconque ne confeſſera pas que votre oncle eſt l'incomparablement plus grand homme qui ait jamais exiſté dans tous les Royaumes de France, de Navarre, d'Eſpagne, des Indes, &c. Je ſuis honteux pour moi, pour ma

Caufe, pour le Public, pour vous-même, des comparaifons que me fuggèrent vos burlefques Ecrits : mais comment me dérober aux idées de ridicule qui viennent malgré moi s'emparer de mon efprit ? Elles me pourfuivent, elles m'affiègent avec vous. Tous vos Ouvrages font remplis de ce ridicule ; toutes vos actions en font empreintes ; tous vos pas en font marqués. Vainement je me reproche de le trouver fous mes yeux & fous ma plume ; vainement je cherche à l'écarter : je n'ai d'autre reffource, pour le perdre de vue, que de vous oublier vous-même ; & c'eft le parti que je vais bientôt prendre.

Cependant M. de Tolendal, à qui vous envoyez vos Lettres & les miennes, ne manquera pas de commenter à fa manière votre opinion, quoique non motivée.

Ne manquera pas ! Ainfi voilà M. Duval qui raifonne d'après ce qui n'eft pas, d'après ce qui fera un jour, à ce qu'il affure. Ainfi le voilà qui établit toute fa Correfpondance avec M. de Crillon fur deux points, fur des chofes qu'il fait que je n'ai pas

Mais à qui l'appliquera-t-il cette opinion? Sera-ce aux Habitans de Pondichéri féparément? Cette nouvelle idée ferait abfurde.

Sera-ce aux Troupes du Roi, faifant la guerre au Tanjaour? Les d'Eftaing & les [illegible], dont les noms [illegible] viennent les premiers fur ceux d [illegible] coup d'autres Officiers [illegible] qui commandaient c[illegible] Tanjaour, ni répondront pour moi,

dites, & fur des chofes qu'il prétend favoir que je dirai.

Oh! fi *abfurle*, qu'en parler feulement, eft une *abfurdité*. Graces au Ciel, je n'ai point encore donné de preuves de démence; & il faudrait y être, pour prétendre que les Habitans de Pondichéri, *féparés* des Troupes du Roi, de celles de la Compagnie, du Gouverneur, du Confeil, des Sous-Marchands, des Ecrivains, en un mot de tous les Employés de la Colonie, aient formé le projet d'arrêter mon père.

Quant au Comte d'Eftaing, perfonne ne fera furpris que *fon nom revienne des premiers* parmi ceux des Officiers qui *faifaient la guerre* dans l'Inde, des Officiers *braves & fidèles*. Mais on fera furpris de cet acharnement de M. Duval à vouloir toujours me mettre en compromis avec des perfonnes, auxquelles j'ai conftamment payé le tribut d'ef-

OBSERVATIONS.

ême & de vénération qui leur eſt dû. Mon père, malgré quelques querelles particulières avec le Comte d'Eſtaing, m'a le premier appris à lui rendre les hommages qu'il mérite, & ſur-tout
à les lui rendre dignes de lui, à ne lui faire partager ſa gloire
qu'avec ceux qui avaient partagé ſes droits; en un mot, à ne
l'aſſocier qu'avec ſes pareils. Le Comte d'Eſtaing, de ſon côté,
n'a été ni moins juſte, ni moins généreux. Dans l'inſtant même
où M. Duval, pour me ſervir de ſon expreſſion, *déclarait* aux
Audiences de Rouen les prétendus ſentimens ſecrets du *Vainqueur de la Grenade*, dont j'avais cité les Ecrits authentiques,
il ne ſoupçonnait pas que *le Vainqueur de la Grenade* me déclarait lui-même à Paris, dans ſon cabinet, ſes véritables ſentimens,
conformes à ſes Ecrits; qu'avec la franchiſe & la magnanimité
militaires, en m'avouant ſes démêlés perſonnels avec mon père,
il atteſtait l'innocence & pleurait le malheur de ſon ennemi;
qu'il écoutait avec autant d'intérêt que d'attention le compte
que je lui rendais de tous les endroits de mon Plaidoyer où je
l'avais invoqué ; & qu'enfin j'avais la conſolation d'entendre
ſortir de ſa bouche à peu près tout ce que j'avais lu tracé de
ſa main, c'eſt-à-dire, que *ſi mon père avait fait des fautes, il avait
fait auſſi des choſes ſublimes ; que s'il avait eu de grands défauts,
peu d'hommes auſſi avaient eu autant de grandes qualités, autant
de bravoure & de connaiſſance, de zèle & de ſagacité; que la Conquête qu'il avait faite du Fort Saint-David en avait ſeule appris
la poſſibilité ; qu'au Tanjaour, il avait été plus occupé des vrais
intérêts du Roi & de la Compagnie, que de ſa ſatisfaction per-
ſonnelle ; qu'il avait tout ſacrifié à la conſervation de nos Etabliſ-
ſemens ; que ſes offres au Conſeil, après cette expédition, étaient
ſi glorieuſes pour lui, ſi avantageuſes au bien commun, qu'on de-*

vait

OBSERVATIONS.

vait fe plaire à en éternifer la mémoire, &c. (1). Voilà ce que m'a *répondu* le Comte d'Eftaing ; voilà ce qu'il me *répondra* toujours ; & l'on peut bien compter qu'il ne fe chargera jamais de me *répondre pour M. Duval*, avec quelqu'affurance que celui-ci paraiffe s'en flatter ; & pour trancher net, jamais *les réponfes des d'Eftaing* n'auront rien que de précieux, & jamais *les réponfes des Fumel* n'auront rien de redoutable pour moi.

Quant aux autres Officiers des Troupes du Roi, M. Duval prétend que BEAUCOUP étaient *braves & fidèles ;* c'eft apparemment pour dire que TOUS ne l'étaient pas, & c'eft ce qu'il a formellement articulé dès fon début. Comme lui je ferai un partage, comme lui je diftinguerai deux claffes, en obfervant feulement que la première était infiniment la plus nombreufe, & qu'au lieu que dans les Troupes de la Compagnie l'exception était pour les bons, dans les Troupes du Roi elle était pour les mauvais. Cela pofé, je dirai de la première claffe, qu'il eft impoffible que j'impute jamais un complot auffi *lâche* que *perfide* à cette multitude d'Officiers *braves & fidèles.* Je dirai de la feconde, qu'il n'eft pas impoffible, quand il s'eft commis une lâcheté, qu'on en foupçonne l'homme qui n'eft pas brave ; & quand il s'eft machiné une perfidie, qu'on l'impute à l'homme qui n'eft pas fidèle. Mais au bout de tout cela, vous verrez que M. Duval & moi, nous ne nous entendrons pas, parce que nous ne

---

(1) Prefque toutes ces phrafes font confignées mot à mot dans divers Écrits du Comte d'Eftaing, tels que fon Journal produit au procès, fous le n°. 100, fon Difcours prononcé & enrégiftré au Confeil de Pondichéri, fous le n°. 44, & fa Lettre à M. Floyd de Snodick, Auteur du *Gouverneur Français aux Indes.*

donnerons point la même acception aux mêmes mots, & qu'il appellera *blanc* ce que j'appellerai *noir.* Par exemple, ceux qui fefaient du métier de la guerre un vil agiotage, & qui, évitant toutes les occasions de fe battre, n'en manquaient aucune de piller; ceux qui, au Siège de Madras, fefaient faire leur fervice par leurs Camarades, & contrefefaient la fignature de leur Général pour mettre leur butin à couvert; ceux qui, pour dégoûter le Soldat de monter à l'affaut, criaient de tout côté que mon père *voulait faire périr l'Armée entière;* celui qui, dans les forties, fe cachait derrière un mur, & qui, en pleine campagne, fe jetait à plat ventre dans un foffé; celui qui, dans la rapidité de fa fuite, fe laiffait tomber fur fon fabre, & fe fefait au genou une égratignure, qu'il donnait aux uns pour un coup de feu, & aux autres pour un coup de baïonnette; celui qui s'établiffait Marchand de bouchons de liège, & qui abandonnait fon pofte étant de fervice; ceux qui, chargés des dépêches de mon père pour la Cour, les ouvraient & les vendaient à fes Ennemis; ce feront fûrement là les Officiers avec lefquels M. Duval formera la claffe de fes *braves* & de fes *fidèles*, comme il en a déjà fait celles de fes *illuftres*, en parlant des témoins qu'il invoquait. Or, j'avoue que moi je les rangerai fous un tout autre titre. Le Public jugera lequel des deux aura le mieux claffé.

Reftent les Soldats des Troupes du Roi. Hélas! je dirai d'eux ce que mon père en difait lui-même : *Dans la plus brave Armée qui foit jamais entrée dans l'Inde, & avec le plus de bonne volonté, on a trouvé le fecret de femer le mécontentement.* C'était le 19 Mars 1759 qu'il écrivait cette phrafe au Confeil. Sept mois après, on a fait tourner ce *mécontentement* en défefpoir &

en *rage*. On a perfuadé aux Soldats, à qui l'on devait dix mois
de paie, que mon père l'avait
touchée, qu'il l'avait volée, qu'il
fefait frèter un vaiffeau, & qu'il
allait s'enfuir en Europe, riche
du prix de leur fang & du fruit
de fes rapines. L'Armée entière,
campée alors à Vandavachi, s'eft
révoltée, a chaffé fes Officiers,
a élu deux Sergens pour fes Gé-
néraux, a tourné fon canon contre Pondichéri, & un Confeiller
a écrit que fi mon père eût paru
dans les premiers momens, *il
eût payé de fa tête la révolte.*
Ceux qui ont féduit toute une
Armée à Vandavachi, n'ont-ils
pas pu en féduire une portion
à Tanjaour; & ces Soldats, moins
coupables après tout que leurs
féducteurs, mais plus hardis, ces
Soldats qui, dans l'excès de l'é-
garement où on les avait préci-
pités, euffent ofé abattre la tête de
leur Général, auraient-ils craint
de charger fes mains de fers?

Sera-ce aux Troupes du Roi atta-   Que fignifie cette périphrafe,

F 2

chées à la Compagnie, c'eft-à-dire au Bataillon de l'Inde ?

que M. Duval trouve lui-même fi obfcure, qu'il fent le befoin de l'expliquer par un *c'eft-à-dire?* Pourquoi ne pas dire tout bonnement : *les Troupes de la Compagnie, le Bataillon de l'Inde?* Pourquoi vouloir confondre les Troupes du Roi & celles de la Compagnie, quand le Confeil de Pondichéri a imprimé lui-même qu'elles n'avaient rien de commun, ni le nom, ni le fervice, ni la difcipline ; que jufqu'aux *Ordonnances militaires qui regardaient les premières, n'avaient & ne pouvaient recevoir aucune application, même indirecte, aux fecondes ;* qu'en un mot, *les Troupes de la Compagnie n'étaient point employées dans le dénombrement des Troupes de Sa Majefté, dans l'Etat militaire,* & que c'était quelque chofe *d'inconcevable,* que c'était *un abus de termes pouffé auffi loin qu'il pouvait aller,* que de les qualifier de même (1)?

____

(1) Voyez le Mémoire des Confeillers

CORRESPONDANCE.

M. le Chevalier de Crillon, qui s'*honore* d'avoir commandé ce Bataillon,

qui comptait fur lui pour défendre le Général, & qui me l'a écrit,

OBSERVATIONS.

Encore cette pitoyable équivoque ?

Le Chevalier de Crillon *comptait* fur fes *Soldats* pour défendre fon Général; cela n'eft pas douteux. Mais d'autres ne pouvaient-ils pas aufli compter fur eux pour l'arrêter, & fentir cependant que leur efpoir tenait au parti que prendrait le Chef? Et qui fait fi ce Particulier, dont le Chevalier de Crillon a oublié le nom, mais dont il fe rappelle bien les difcours, ne lui a pas dit : *confentez feulement, & on eft fûr du refte?* Qui fait fi, fur le refus du Chevalier de Crillon, ce Particulier ne lui a pas répondu : *il n'y faut plus penfer?* Si, en lui demandant grace, il ne lui a pas juré que le crime ne ferait pas confommé? Deux ans après, lors de cette révolte de Vandavachi, que nous avons déjà

de Pondichéri, imprimé en 1768, pages 29, 30, 60, 61, &c.

citée , le Chevalier de Crillon n'était pas à l'Armée ; il y
parut ; les Soldats , qui l'ado-
raient, fe précipitèrent au devant
de lui ; la perfuafion coula de
fes lèvres dans leurs cœurs ; il
les éclaira fur les impoftures ré-
pandues parmi eux contre mon
père : ceux qui étaient fur le
point d'égorger le Général Lally,
fuivant le rapport d'un Confeiller de l'Inde , s'écrièrent *vive
Lally*, quand ils eurent entendu
le Chevalier de Crillon. Après
avoir prévenu le premier complot, il étouffa le fecond ; il eut
la gloire d'avoir fauvé deux fois
fon Général & la Colonie : tant
l'afcendant d'un feul homme peut
maìtrifer quelquefois la multitude, & lui imprimer, en un
clin d'œil, le mouvement contraire à celui qui la précipitait
l'inftant d'auparavant !

l'a vengé d'avance de cette injure,
ainfi que des reproches d'infubordination & de lâcheté , faits en pleine Audience à ce Corps irréprochable ,

On fait que cette *vengeance*
tient à ce que M. de Crillon a
écrit, *j'avais l'honneur ;* & l'on
a vu à quoi tenaient les *reproches.*

CORRESPONDANCE.

par un jeune imprudent à qui les calomnies ne coûtent rien.

Sera-ce au Conseil de Pondichéri, & par conséquent au Gouverneur qui le présidait? Oui sans doute, & telle est en effet l'assertion de M. de Tolendal.

OBSERVATIONS.

Le *jeune imprudent*, qui cependant n'est pas un enfant, puisqu'il est dans sa trentième année, n'a pas encore été convaincu d'un seul mensonge, depuis la première jusqu'à la dernière page des libelles volumineux enfantés contre lui; & le *grave Magistrat*, qui cependant n'est pas un Nestor, puisqu'il n'a que trente-six ou trente-sept ans, n'a pas encore vu relever une page de ses Ecrits, sans se voir démontrer Calomniateur.

C'est-à-dire, telle est la falsification de M. Duval. Il s'apperçoit ici qu'il a été mal-adroit dans cette falsification; qu'il a parlé de son oncle pour la première fois dans sa seconde Lettre; qu'il n'en a pas fait mention dans son début, en y arrangeant mes prétendues phrases; qu'en prétendant que j'avais cité le Conseil de Pondichéri, il n'a pas prétendu que j'eusse cité le Gouverneur; que dès-lors on peut lui dire: *de quoi vous mêlez-vous?*

OBSERVATIONS.

Êtes-vous aussi neveu du Conseil de Pondichéri? Il s'efforce d'aller au devant de la question, en posant pour principe qu'on ne peut accuser *le Conseil*, sans accuser *par conséquent le Gouverneur qui le présidait*. Principe d'une fausseté évidente, puisque mille fois le Gouverneur a agi sans le Conseil, & le Conseil sans le Gouverneur; puisque mille fois même, le Gouverneur a agi contre le Conseil ou le Conseil contre le Gouverneur; puisque, notamment à la révolte du 10 Mars 1760, le Conseil a désobéi aussi formellement au Gouverneur Leyrit qu'au Général Lally; puisqu'à ce sujet M. Duval lui-même a plaidé que le Conseil pouvait s'assembler, délibérer, résoudre, agir sans son Président; puisqu'au sujet de la question même que nous traitons, M. Duval a établi une distinction entre le Gouverneur & le Conseil, en demandant au Chevalier de Crillon *s'il croyait que le complot pût être attribué,* SOIT *au Gouverneur,* SOIT *au Conseil;* puisqu'enfin mon père était Premier Président du Conseil au dessus de M. de Leyrit, & que si j'accusais le Conseil d'avoir formé un complot contre mon père, il n'en résulterait pas que j'accuserais *par conséquent mon père, qui le présidait,* d'être entré dans un complot contre lui-même. Mais cette remarque n'est pas ici la plus importante à faire. Ce qui importe sur-tout, c'est la conclusion définitive que tire M. Duval de l'énumération à laquelle il s'est livré; c'est ce *oui sans doute* qu'il profère intrépidement, en répondant lui-même à sa demande. Quoi! c'est M. Duval qui, voyant qu'évidemment il a existé un complot pour arrêter mon père, décide que si ce complot a existé, ce n'est qu'au Conseil qu'on peut l'attribuer! C'est M. Duval qui tranche la question que je n'ai osé résoudre! L'Apôtre des Conseillers de l'Inde en dit plus contre eux que leur Partie!

Mais,

OBSERVATIONS.

Mais, replique M. Duval, c'eſt par là même que je prétends prouver la fauſſeté de votre aſſertion ; c'eſt ſur cela même que je prétends établir ces qualifications de *fable* & de *rêve* données par moi au prétendu complot que vous mettez en avant ; parce que, s'il eût exiſté, il n'eût pu être formé que par le Conſeil de Pondichéri, & parce qu'il eſt impoſſible de croire, & abſurde même d'imaginer que ce Conſeil ait jamais pu concevoir une pareille idée.

A cela j'ai une réponſe tranchante, & je la puiſerai dans les Faſtes de la Juſtice, dans les Archives du Conſeil de Pondichéri, dans les titres de famille de M. Duval d'Eprémeſnil, dans l'hiſtoire de ſon propre père. Cette réponſe va entrainer après elle de terribles détails ; je vais dire de dures vérités : mais ce ſont des vérités, c'eſt pour ma défenſe que je les dis, & peut-être j'ai trop long-temps négligé de les dire.

Ouvrez, mon cher Lecteur, le Mémoire de la Bourdonnais. Voyez, depuis la page 67 juſqu'à la page 104, toutes les injures accumulées, toutes les trames ourdies, tous les attentats projetés contre ce grand homme. Voyez les Conſeillers de Pondichéri, au mépris de l'autorité ſouveraine dont le vainqueur de Madras était revêtu, au mépris de la gloire de nos armes & du ſalut public qui repoſaient ſur lui, au mépris des Loix qui puniſſent les aſſaſſins, formant le projet & donnant l'ordre de *prendre la Bourdonnais mort ou vif* au milieu de ſon armée, dans ſa propre conquête non encore aſſurée, ſans autre mobile, ſans autre deſſein que de ſatisfaire une inſatiable vanité, de trancher de la ſouveraineté, & de faire tout plier ſous ce deſpotiſme ſubalterne, le plus intolérable de tous. Voyez le Conſeiller *Bonneau*, le Conſeiller *d'Eprémeſnil*, le

G

OBSERVATIONS.

Conſeiller *Paradis*, chargés de l'exécution de tous ces complots : les uns *tâchant de ſuborner les Chefs des Troupes & des Vaiſ-ſeaux* (page 88) ; les autres excitant les Soldats à la révolte, par la promeſſe de *cent mille roupies* (page 94) : celui-ci s'é-criant qu'avant de céder *ils s'y feront tous hacher ;* celui-là *jetant ſur l'aſſemblée le coup d'œil d'un Chef de Conjurés qui cherche ſes Complices, & traitant les Ordres du Roi de chiffons* (page 95) : *la guerre civile excitée* (ibid.) : la menace faite & *l'ordre donné de répandre du ſang français dans Madras* (page 102) : la Bour-donnais obligé de ſéparer ſes braves & fidèles Guerriers de ceux qu'il avoit pris dans ces fameuſes Troupes de Pondichéri, & or-donnant aux derniers de ſe rembarquer (page 97) : un de ces furieux, *eſpece de bandit fameux par la corruption de ſes mœurs & par ſes lâchetés, chaſſé autrefois du Service de France, chaſſé depuis de chez le Zamorin avec infamie, & alors Lieutenant dans les Troupes dans l'Inde, courant au rivage l'épée à la main, pour empêcher le rembarquement* (pages 98 & 278) : trois autres, ſuivis bientôt d'un Conſeiller, allant ſurprendre leur Général ſeul dans ſa chambre, oſant lui ſignifier les Arréts dans la Place qu'il vient de conquérir, terraſſés publiquement par une ſeule parole de ce Héros, obéiſſant à ſes ordres, dépoſant à ſes pieds leurs épées, & arrêtés eux-mêmes par celui qu'ils voulaient arrêter (page 99) : le reſſentiment de *toutes ces meſures rompues*, porté alors juſqu'à la rage ; la perfidie & l'aſſaſſinat appellés au ſecours de la violence & de la rébellion ; les diſpoſitions faites, l'heure priſe pour *en-lever la Bourdonnais pendant la nuit*, & QUARANTE CIPAIES APOSTÉS POUR FAIRE FEU SUR LUI, EN CAS DE RÉSISTANCE (page 99). Voyez enfin le Conſeiller d'Eprémeſnil avouant en-ſuite, dans ſa confrontation avec la Bourdonnais, *qu'il avait été*

O B S E R V A T I O N S.

chargé de cet enlèvement nocturne ; que la Cavalerie de l'Inde de-
vait être employée à le favoriser, mais qu'il n'avait pu en venir à
bout (pages 99 & 100) : & convenez qu'il n'était pas impoffible (je ne dis rien de plus), qu'il n'était pas impoffible que
les Confeillers de Pondichéri fiffent , en 1758 , contre le vainqueur de Saint-David , leur Supérieur , leur Juge & leur Réformateur , ce qu'ils avaient fait en 1746 , contre le vainqueur de
Madras , dans lequel ils ne voyaient qu'un rival : & convenez
encore , après avoir bien pefé la nature de ces faits & leurs conféquences , après avoir bien examiné la part qu'y a eue , & le
rôle qu'y a joué le Confeiller d'Eprémefnil , après avoir vu fa
conduite & lu fes aveux , qu'il n'était pas prudent à fon fils ,
quand je ne lui difais pas un mot , de venir calomnieufement
proclamer mon père LE PLUS COUPABLE ET LE PLUS MAL-
ADROIT DES TRAITRES.

Et puifque nous en fommes à ces Mémoires de la Bourdonnais ; puifque toutes ces grandes querelles judiciaires nées dans
l'Inde , rentrent toutes l'une dans l'autre , s'apprécient toutes l'une
par l'autre ; puifque notamment il n'y a jamais eu deux affaires
qui euffent plus d'analogie , plus de reffemblance , plus d'iden-
tité entre elles que le procès la Bourdonnais & le procès Lally ;
puifque ç'a été même théatre , mêmes viciffitudes , mêmes calomnies , mêmes calomniateurs , & qu'il ne leur a manqué malheureufement que d'avoir mêmes Juges & même iffue ; puifqu'où
l'impofture ne s'eft pas perpétuée par les mêmes individus contre
ces deux Chefs malheureux , elle s'eft perpétuée au moins par
les mêmes races ; puifque M. Duval d'Eprémefnil d'alors a fait
contre la Bourdonnais innocent & abfous , ce que M. Duval

G 2

O B S E R V A T I O N S.

d'Eprémefnil d'aujourd'hui fait contre Lally innocent & immolé, lifez encore ces mêmes Mémoires, page 221. Voyez le Confeiller d'Eprémefnil, pour fe laver lui & fes Camarades d'avoir rendu infructueufe la prife de Madras, en rejetant la caufe fur les concuffions prétendues , & fur la prétendue infidélité de la Bourdonnais; l'accufant d'avoir *facilité aux Anglais la fortie de toutes leurs marchandifes pendant fon féjour dans cette Ville ;* & non-feulement confondu dans fon accufation, mais convaincu *d'avoir lui-même, pendant le temps qu'il commandait à Madras* au nom du Confeil de Pondichéri, *c'eft-à-dire du 23 au 27 Octobre, laiffé fortir toutes les marchandifes de ceux qui ont voulu lui payer un droit, tantôt de 25, tantôt de 30 pour 100, en faveur de la permiffion qu'il leur accordait pour cette fortie.* Voyez ce fait *dépofé dans la procédure de l'Inde, par les perfonnes mêmes qui avaient payé ce prétendu droit de fortie au Confeiller d'Eprémefnil.* Songez qu'alors la rançon de Madras n'était pas arrêtée ; qu'elle devait être en raifon des marchandifes & effets exiftans dans la Ville ; que ce qui en fortait (& il paraît que tout en eft forti) était une perte pour l'Etat : & convenez qu'après un fait de cette nature juridiquement prouvé, il n'était pas prudent au fils du Confeiller d'Eprémefnil, quand je ne lui difais pas un mot, de venir calomnieufement proclamer mon père LE PLUS AVARE DES TRAITRES.

Plus voyez, page 135 & n°. 230, le Confeiller d'Eprémefnil nommé par une Pancarte de Pondichéri, *à raifon de fa fuffifance & expérience au fait du Commerce,* pour commander dans la Ville de Madras au Général qui l'avait prife ; triomphant du départ de ce Général, qui emportait avec lui le refpect de fes

Ennemis eux - mêmes ; enivré de fon nouveau pofte ; révoltant les Princes Maures par *fes menaces hautaines ;* les infultant de loin dans la perfonne de leurs Députés ; puis s'enfuyant à l'approche de leurs armes , & *abandonnant le commandement de fa Place dès qu'il voit qu'il faut la défendre.* Lifez cette note énergique mife au bas de la Pancarte donnée au Confeiller d'E-prémefnil par fes Confrères : *il eût été fingulier de voir celui qui avait pris Madras , commandé dans fa propre Conquête , par celui qui s'eft fauvé depuis à l'approche des Ennemis :* & après avoir lu , convenez qu'il n'était pas prudent au Confeiller d'Eprémefnil, quand je ne lui difais pas un mot , de venir calomnieufement proclamer mon père LE PLUS LACHE DES TRAITRES ; & convenez encore qu'il faut au moins retrancher l'année 1746 du nombre des *quarante années & plus, pendant lefquelles les ancétres de M. Duval ont travaillé avec tant de fuccès pour la gloire de nos armes.*

Plus voyez, dans les Pièces juftificatives, n°. 230, page 60, le Confeiller d'Eprémefnil, pour juftifier fa fuite , exhorter le Confeiller Barthelemi fon fucceffeur à s'enfuir comme lui, attendu que *le Gouvernement d'une Place en temps de guerre, eft d'un trop grand fardeau pour des Marchands comme eux.* Lifez ces mots dans la propre Lettre du Confeiller d'Eprémefnil, n°. 223 , page 12 : *Madras invefti par les Maures , exigera des détachemens qui demanderont un détail & des ordres, auxquels, tous tant que nous fommes de Confeillers, nous ne devons pas rougir d'avouer que nous n'entendons goutte. On fe fait plus d'honneur en avouant fon ignorance en certain cas, que de fe piquer d'achever des chofes dans lefquelles, fans le favoir, nous tomberions dans des fautes très-graves. . . . . . Cette affaire eft uniquement militaire, ... Nous*

OBSERVATIONS.

n'avons jamais su ce Métier, &c. Rapprochez de cet Ecrit du Gouverneur - Marchand de Madras, celui du Gouverneur-Marchand de Pondichéri, dans lequel, avant de critiquer les campagnes de mon père, il avouait aussi que lui & ses Conseillers, *tous tant qu'ils étaient, n'y entendaient goutte*, & qu'ils *laissaient aux gens du Métier la charge d'en juger :* & convenez qu'il n'était pas prudent au fils du premier & au neveu du second, de s'acharner à en faire malgré eux des *hommes de guerre, la gloire de nos armes.* Et comme il faut être juste, je conviendrai moi ensuite, si vous le voulez, que M. Duval doit s'enorgueillir d'un double miracle de la nature, lui qui, né d'un sang si peu guerrier, a apporté avec lui toutes les connaissances militaires innées, a été Général en voyant le jour, a tout su sans avoir rien appris, & s'est vu en état de décider, de trancher sur toutes les opérations de guerre plus souverainement que n'eussent jamais osé faire les Condé & les Turenne, les Saxe & les Catinat. Je gémirai même que dès 1746, au lieu d'être *porté dans les bras à Pondichéri*, comme il s'est peint à nos yeux, il n'ait pas été *porté* sur les remparts de Madras, au défaut de ce père qui *n'y entendait goutte.* Destiné aux grands prodiges, sans doute ses seuls vagissemens eussent porté la terreur & la fuite dans le camp des Maures ; & nouvel Alcide, on l'eût vu, de ses mains enfantines, déchirer les serpens de Bellone.

Plus, lisez dans cette même Lettre du Conseiller d'Eprémesnil au Conseiller Barthelemi, ces mots remarquables : *Tout ne gît ici qu'en opérations militaires, précision, exactitude, DÉLICATESSE DE CONSCIENCE, en mille nuances enfin que ce Métier demande,*

OBSERVATIONS.

& QU'UN COMPTOIR ÉTABLI N'EXIGERAIT PAS : & après
avoir vu le Conseiller d'Éprémesnil mettre en fait *qu'un Comptoir
établi n'exigeait pas de précision, d'exactitude, de délicatesse de
conscience,* convenez qu'il n'était pas prudent à son fils, quand
je ne lui disais pas un mot, de venir calomnieusement proclamer mon père IMPOSTEUR, pour s'être plaint de n'avoir trouvé
ni *précision,* ni *exactitude,* ni *délicatesse de conscience* dans Pondichéri qui, de tous nos *Comptoirs,* était certainement *le mieux établi.*

Plus voyez, page 135 & n°. 230, le Conseiller d'Éprémesnil
*écrivant à Messieurs de Pondichéri, une Lettre qui devait être sous-
crite par tous les Membres du Conseil Provincial de Madras, &
conséquemment par M. de la Villebague, frère de la Bourdonnais;*
la faisant *lire en plein Conseil;* en *différant la signature jusqu'au
soir;* profitant de cet intervalle pour y intercaller des passages
entiers & calomnieux contre la Bourdonnais; envoyant ensuite
le Secrétaire du Conseil la porter à signer, comme la même qui
avait été lue; deux Membres de ce Conseil concevant une
trop juste *défiance sur l'intervalle écoulé entre la lecture de cette
Lettre & le moment où elle leur était présentée,* tous deux voulant *la relire avant de la signer,* tous deux *indignés d'y trouver
un tissu de calomnies contre la Bourdonnais,* tous deux refusant
de la souscrire, l'un s'écriant qu'*il ne signait point de faussetés,*
l'autre, M. de la Villebague, *se plaignant amèrement qu'on eût
cherché à le surprendre & à lui faire signer la nuit un libelle contre
un frère, sous le prétexte spécieux de signer une Lettre ordinaire
qu'ils avaient déjà lue, & qui avait été augmentée sans leur parti-
cipation :* & après une pareille manœuvre du Conseiller d'Éprémesnil, convenez qu'il n'était pas prudent à son fils, quand je

OBSERVATIONS.

ne lui difais pas un mot, de venir calomnieufement proclamer mon père UN VIL SUBORNEUR.

Plus voyez, page 214, le Confeiller d'Eprémefnil, *preffé par les interpellations que lui fait la Bourdonnais indigné de fes impoflures, & obligé de fe rétracler.* Lifez ces mots énergiques : *Il demeure pour conflant que le Sieur d'Eprémefnil eft un impofleur, puifqu'il a dépofé comme témoin oculaire d'un fait grave, dont il avoue à la confrontation n'avoir aucune connaiffance par lui-même.* Voyez auffi-tôt *la même chofe lui arriver encore fur un fait non moins grave.* Voyez, page 233, le Confeiller d'Eprémefnil, après avoir mis en fait un prétendu vol commis à la Douane de Madras, *interpellé par la Bourdonnais fur l'époque & les circonflances de ce vol, & répondant qu'il ne fait rien de tout cela.* Voyez, page 261, le Confeiller d'Eprémefnil, *faux témoin avéré ;* page 262, le Confeiller d'Eprémefnil *convaincu de fauffeté & d'une malignité remarquable ;* page 268, le témoin Morin, *fur la probité duquel on doit peu compter ;* & le Confeiller d'Eprémefnil, *autre témoin auffi refpectable que Morin.* Lifez, page 156 des Pièces juftificatives, cette note fur une allégation du Confeiller d'Eprémefnil : *On voit la même noirceur dans fa dépofition, dans le procès-verbal & dans les autres écrits qu'il a dictés ; mais les contradictions qu'on y rencontre prouvent que tous ces écrits font un tiffu d'impoflures.* Lifez enfin, page 223, ce début d'une autre réponfe à une autre allégation : *Ce fait eft d'une abfurdité fi évidente, que le Sieur d'Eprémefnil était feul capable de l'écrire.* Et après avoir vu & lu, convenez qu'il n'était pas prudent au fils du Confeiller d'Eprémefnil, quand je ne lui difais pas un mot, de venir auffi fauffement qu'infolemment, proclamer mon

père

Observations.

père LE CALOMNIATEUR LALLY, L'IMPOSTEUR LALLY, LE MO-
DÈLE DES CALOMNIATEURS COMME DES TRAITRES.

Et en réfumant tout ce que vous venez de voir & de lire,
convenez qu'il n'était pas prudent au Confeiller d'Eprémefnil de
donner pour raifon du mal qu'il eft venu me faire gratuitement,
l'honneur des fiens à foutenir, la gloire de leurs exploits à per-
pétuer, la pureté de fon fang à tranfmettre, enfin un nom
fans tache à conferver; & de s'expofer ainfi à entendre demander
par-tout autour de lui, s'il eft donc un honneur fait exprès pour
MM. Duval d'Eprémefnil, & un genre de gloire qui leur ap-
partienne à eux tout feuls? Si leurs exploits font de comploter
contre l'autorité légitime & de s'arroger un defpotifme infenfé,
de s'enfuir devant les Ennemis & de s'armer contre des innocens
dans les fers, ou contre des victimes dans la tombe? Si,
pour que leur fang foit pur, il faut que la rebellion & la haine
le faffent bouillonner? Si ce ferait une tache dans leur famille,
qu'une génération s'écoulât fans être féditieufe ou calomniatrice?
Si ce dernier titre fur-tout doit lui appartenir par excellence, &
fi, de père en fils, on doit lire fur leur bannière cette devife hé-
réditaire : *Ce fait eft fi abfurde, qu'il n'y a qu'un Sieur d'Eprémefnil capable de l'écrire?*

Que fi M. Duval d'Eprémefnil prétend que les faits articulés
par la Bourdonnais contre le Confeiller d'Eprémefnil, infiniment
plus graves que ceux reprochés par Lally au Gouverneur Leyrit,
font auffi infiniment plus faux, alors on lui demandera pourquoi
donc il n'attaque pas les héritiers de la Bourdonnais, au lieu
d'attaquer le fils de Lally; quel eft cet étrange calcul de né-

H

O B S E R V A T I O N S.

gliger le tronc qui exiſte pour un rameau mort ſans rejeton, de chercher la pureté de ſon ſang dans les veines de ſon oncle plutôt que dans celles de ſon père, & de ſouſcrire à un déshonneur certain pour courir après des gloires collatérales?

Je ſavais tous ces faits, j'avais lu tous ces Ecrits lorſque j'ai plaidé à Rouen, & je n'en ai fait aucun uſage; je me ſuis borné à indiquer généralement de grands rapports entre le procès la Bourdonnais & le procès Lally, de manière à faire ſentir à M. Duval, mais à lui ſeul, tout ce que je pourrais dire & tout ce que je voulais taire. C'eſt qu'alors je reſpeétais ſa qualité, qu'il a trop oubliée depuis pour que je m'en ſouvienne. C'eſt que je m'obſtinais encore à vouloir reſpeéter ſa perſonne, qu'il a trop abandonnée depuis pour que je l'honore. C'eſt que j'eſpérais encore, ſinon le faire renoncer à une attaque injuſte, du moins le ramener à une attaque décente. C'eſt qu'un friſonnement univerſel venait s'emparer de tous mes ſens, à la ſeule idée de révéler devant un fils la honte de ſon père. Il eſt ſi affreux d'être bleſſé dans l'auteur de ſes jours! Il eſt ſi préférable de perdre la vie à voir empoiſonner la ſource dans laquelle on l'a puiſée! La vengeance, quoique juſte, me paraiſſait trop dure; le moyen, quoique viétorieux, me paraiſſait trop accablant. L'état dans lequel M. Duval avait mis mon cœur, me faiſait trembler d'y réduire le ſien; & tel était mon reſpeét pour ces Loix ſaintes de la nature, pour ces noms touchans de père & de fils, pour ces liens ſacrés qu'ils annoncent, que la plaie qu'il m'avait faite avec les traits de la calomnie, je frémiſſais de la lui rendre avec les armes de la vérité. C'eſt vous, ennemi implacable, vous que mon cœur plaint encore

OBSERVATIONS.

quand mon devoir vous frappe, c'est vous qui avez vaincu la
pitié dans ce cœur par les mêmes sentimens qui l'y avaient
rendue triomphante. C'est vous qui, à force d'outrager en moi
la nature, m'avez réduit à ne plus la respecter en vous. C'est
vous qui, en attaquant l'auteur de mes jours sans pudeur, m'a-
vez forcé de le défendre sans ménagement. C'est vous qui, sans
droit comme sans intérêt, traitant de crimes toutes les actions,
de menfonges tous les difcours de mon père, m'avez condamné
à chercher fon apologie dans l'hiftoire du vôtre, à prouver les
aſſertions du premier par la conduite du fecond.

Ne dites pas que je fuis forti de ma Caufe ; qu'inhumaine-
ment vindicatif, & gratuitement barbare, je vous ai traîné hors
de la lice, pour vous porter des coups auſſi infruétueux pour
moi que douloureux pour vous. Loin de moi un pareil projet,
dans lequel votre exemple, s'il me juftifiait aux yeux des autres,
ne me juftifierait pas aux miens. Non, je n'ai rien voulu dire,
& je n'ai rien dit qui ne fût de ma Caufe. Il eft de ma Caufe,
quand votre grand argument pour me perfécuter, & pour
braver les Loix que je vous oppofe, eft la pureté de votre
fang & votre nom fans tache, de montrer que ce nom n'eft
pas tellement facré, que ce fang n'eft pas tellement le fang des
Dieux, qu'il faille leur facrifier toutes les Loix que révèrent,
& tous les fentimens que chériffent les hommes. Il eft de ma
Caufe de faire apprécier cette Adminiftration & ce prétendu
Sénat de l'Inde, dont vous m'oppofez fans ceſſe le fantôme à la
faveur d'une équivoque de nom ; de montrer ce qu'étaient avant
mon père, ceux qui ont été les ennemis, les perfécuteurs &
les affaffins de mon père ; de faire voir dans ce Comptoir de

O B S E R V A T I O N S.

Pondichéri, selon vous le centre de toutes les vertus, dans cette contrée privilégiée, habitée, à vous en croire, par des Anges plutôt que par des hommes, le repaire de la cupidité, de l'infubordination, de la révolte, de l'impunité ; une Ville, en un mot, digne d'un pays où la foif de dominer & la foif de s'enrichir font tout ofer & rendent tout permis, où l'empoifonnement & l'affaffinat font des rufes de guerre & des refforts d'adminiftration. Il eft de ma Caufe de prouver que cette haine prefqu'univerfelle, tant reprochée par vous à mon père, ne lui a point été particulière à lui feul ; qu'elle a toujours été attachée, dans ces malheureux climats, à quiconque s'y eft montré avec le caractere envié de Général, & avec le dépôt redouté de l'autorité royale ; qu'elle a dû fe foulever contre lui avec plus de violence encore, & d'après la terrible miffion dont il était chargé, &, fi vous le voulez, d'après l'imprudente franchife qu'il déployait. Il eft de ma Caufe de faire voir que cette haine effrénée ne fe bornait pas à ces calomnies de convention, à ce protocole d'accufations qu'elle avait établi, & qui fefait, de tous les Chefs de l'Inde, autant de traîtres & de concuffionnaires ; que le glaive de la Juftice n'était que la dernière arme à laquelle elle recourût pour frapper fes victimes ; que tous ces complots, que tous ces attentats, tramés n'importe par qui, impoffibles felon vous, incroyables réellement fi on les racontait de tout autre pays, n'étaient dans celui-là que des événemens ordinaires. Il eft de ma Caufe de répéter fans ceffe, que le Commiffaire du Roi qui a précédé mon père dans l'Inde, a été obligé de pofer une Sentinelle à fa marmite, & que le Général fur les traces duquel il y a marché, n'a échappé que par un coup du Ciel aux fufils bandés de quarante affaffins ftipendiés. Il eft de ma Caufe enfin d'en conclure, qu'il n'eft pas impoffible qu'on faffe dans un temps ce qu'on a fait dans un autre, & que les mêmes projets aient eu les mêmes auteurs; car c'eft là le point de votre Lettre d'où nous fommes partis, & celui auquel il nous faut revenir. Au refte, j'abandonnerai déformais, autant que je le pourrai, cette Lettre à elle-même, & vous ferai grace du commentaire. Ma plume fe laffe, mon efprit fe dégoûte, mon cœur faigne de tous ces détails. Que vous le croyiez ou non, il n'en eft pas moins vrai que je fouffre le premier de ce qui vous confond. Hélas! le jour où la juftice & l'efpérance ont commencé à luire pour moi, le jour où l'Arrêt fanglant de mon père a été voué à la profcription qu'il méritait, ce premier triomphe remporté, la vue de ceux qui devaient le fuivre & dont il femblait me garantir la célérité en même temps que la certitude, l'équité fuprême de mon Roi, celle de fes Confeils & de fes Miniftres, les applaudiffemens de toute la France, avaient calmé dans mon cœur les tranfports d'un reffentiment, jufques-là auffi bouillant que légitime. Je m'étais flatté de pouvoir déformais donner tout à ma tendreffe & rien à ma vengeance, montrer un innocent & oublier les coupables. Sans vous, homme auffi imprudent que cruel, mon efpoir & mes vœux euffent été remplis; fans vous, il y a deux ans que mon père ferait jugé; il n'y eût eu de public que l'Arrêt de fa juftification, & quel eft le monftre auquel il eût coûté un regret? Au moins, quelque chofe qui arrive maintenant, dites-vous donc bien que c'eft vous & vous feul qui l'avez voulu.

Or, cette aſſertion, M. le Chevalier, il l'oſe avancer à l'abri de
votre nom. Daignez donc la déſa-
vouer ou l'autoriſer nettement.

Je croyais, Monſieur, avoir lu
ce déſaveu dans ces paroles de votre
Lettre du 5 de ce mois : *Je n'ai
point dit que le Conſeil de Pondichéri
m'avait propoſé de faire arrêter M. de
Lally. J'ai dit que cette propoſition m'a
été faite pendant le Siège de Tanjaour
par un Particulier dont j'ai même ou-
blié le nom.....* La propoſition d'un
Particulier, dont le nom même ne
vous a pas frappé, m'eſt tout-à-fait
indifférente. Mais voici ce qui ne
l'eſt pas. *Je n'en inſtruiſis jamais le
père (ajoutez-vous, Monſieur, dans
la même Lettre); je l'ai dit au fils;
& en vérité le fils du Comte de Lally
a bien pu ſe permettre des conjectures.
Je crois lui devoir de lui communiquer
votre Lettre & ma réponſe.*

Sur cela, Monſieur, voici comme
j'ai raiſonné, & comme je penſe
que tout autre eût raiſonné à ma
place. *On propoſe à M. le Chevalier
de C.... n de faire arrêter M. de Lally.
... de Crillon n'a point
... poſition vient du Con-
... ais il croit qu'en*

vérité le fils du Comte de Lally a bien pu se permettre des conjectures. Il me déclare son opinion, à moi, neveu & défenseur du Président de ce Conseil, & la communique au curateur du Général. Donc M. le Chevalier de Crillon PARAIT autoriser par son opinion, au moins les conjectures de ce Curateur. Donc je dois demander à M. le Chevalier de Crillon si telle est son intention, & sur quoi elle est fondée.

Tel était, Monsieur, l'objet de mes pressantes instances ; je crois avoir eu l'honneur de vous les expliquer très-clairement. Que M. de Tolendal conjecture à la faveur de votre opinion contre qui lui semblera, pourvu que ce ne soit pas contre mon oncle & le Conseil, ses conjectures me sont indifférentes ; mais qu'autorisé par vous il rende mon oncle & le Conseil suspects d'un complot contre le Général, voilà ce que je ne dois ni ne veux souffrir ; voilà le point sur lequel j'ai dû, Monsieur, vous demander un éclaircissement ; voilà l'objet de mes instances.

En réponse à ces instances, vous m'adressez votre opinion particulière, sans la motiver, sur la propofition du Tanjaour ; vous me parlez d'un *complot abominable dont vous ne cherchâtes point à fuivre le fil*, *qu'il eût été alors très-facile de trouver ; que telle eft la vérité & que je vous l'arrache* ; expreffion très-précieufe pour M. de Tolendal fi je le laiffe faire : enfuite vous me déclarez que vous uferez dorénavant du droit que vous avez de ne pas répondre à mes queftions. Je vous ai prié d'accabler, s'il le fallait, mon oncle & moi fous le poids de la vérité; vous me répondez à cela *que je vous connais mal ; que fi vous pouviez le faire, vous vous y refuferiez*. On pourrait en conclure que vous ne pouvez donc pas le faire. Mais VOUS SEM-BLEZ, Monfieur, avoir voulu m'ôter le droit de raifonner ainfi par votre Poft-fcriptum de votre Lettre, où vous me dites : *Lorfque je vous refufe mes réflexions & mon opinion, je vous avertis que vous auriez grand tort d'en tirer aucun avantage pour votre Caufe*, & vous finiffez par m'annoncer que vous allez faire paffer votre réponfe & ma Lettre à mon Adverfaire

La

CORRESPONDANCE.	OBSERVATIONS.

La conclusion de tout cela, Monsieur, est ÉVIDENTE. C'est que vous autorisez contre mon oncle & le Conseil les conjectures que vous croyez permises à M. de Tolendal sur la proposition du Tanjaour. Non-seulement vous les autorisez, mais vous les dirigez; non pas, il est vrai, d'une manière aussi nette que j'avais lieu de l'ESPÉRER, mais de façon à ne pas s'y méprendre. Daignez, Monsieur, me suivre.

Et vous aussi, Lecteur, car je le sens qu'il faut vous en conjurer; *daignez*, quoi qu'il vous en coûte, faire cet effort jusqu'au bout. *Suivez* M. Duval qui, dans son *raisonnement* de deux pages, vient de vous dire mot à mot: *Il paraît.... il semble..... j'en conclus qu'il est évident. Suivez* M. Duval qui, s'élevant au dessus des discussions vulgaires, où l'on commence par *prouver* & où l'on finit par *conclure*, a débuté par sa *conclusion* & va terminer par ses *preuves. Suivez* M. Duval qui, après avoir dit que sa conclusion est *évidente*, va dire qu'elle *n'est pas claire*, & qui, après avoir dit qu'elle n'est pas claire, va dire *qu'elle saute aux yeux. Suivez* M. Duval qui, après vous avoir perdu dans un inextricable galimatias, va vous signifier qu'il faut que vous y trouviez *une démonstration complette. Suivez* M. Duval enfin, qui, à votre grand étonnement, va vous apprendre qu'il n'a pas interpellé MM. de Crillon & de

I

Montmorenci, qu'il ne leur a pas fait de queſtion, qu'il ne ſongeait ſeulement pas à eux, qu'il leur a envoyé ſon Plaidoyer purement & ſimplement, comme à tout le monde, & qu'ils *lui ont écrit d'eux - mêmes.* Le Marquis de Montmorenci a cependant vu une queſtion dans la Lettre qu'il recevait, puiſqu'il a répondu : *Vous deſirez ſans doute ſavoir ce que j'ai dit, le voici.* Le Chevalier de Crillon a cependant vu une queſtion dans la Lettre qui lui était adreſſée, puiſqu'il a répondu : *Je me hâte de vous donner l'éclairciſſement que vous paraiſſez deſirer.* M. Duval a cependant cru, en écrivant ces Lettres, faire des queſtions & devoir s'attendre à des réponſes, puiſque dans une de ſes repliques il a mandé : *J'aurais été ſingulièrement ſurpris que ces allégations trouvaſſent un appui dans votre témoignage ;* & dans l'autre : *J'étais bien ſûr que votre Lettre ſerait une forte réponſe,* &c. Mais qu'eſt-ce que tout cela fait à M. Duval? Ce n'eft que du raifonnement, & il fera des phrafes; & quelque chofe qu'on lui dife, il n'en ira pas moins jufqu'au bout, répétant *qu'il n'avoit pas fait de queftion à ces Meffieurs, & qu'ils lui ont écrit d'eux-mêmes.*

M. de Tolendal plaide EXPRESSÉMENT que le Confeil de Pondichéri a voulu faire arrêter M. de Lally, & le traiter comme celui de Madras a voulu traiter depuis Lord Pigot. Il vous invoque à l'appui de cette affertion. Je foutiens que cette affertion eft une calomnie, qu'un defcendant du brave Crillon ne l'affirmera jamais, que je vous adrefferai mon Plaidoyer. JE VOUS L'ADRESSE PUREMENT ET SIMPLEMENT, SANS VOUS FAIRE, MONSIEUR, DE QUESTION. VOUS M'ÉCRIVEZ DE VOUSMÊME *que vous n'avez pas dit que le Confeil vous eût propofé de faire arrêter M. de Lally, mais qu'en vérité fon fils a bien pu fe permettre des conjectures, & que vous lui envoyez votre Lettre & la mienne.* Première PREUVE que vous autorifez fes conjectures.

Je l'ai fenti, j'ai cru devoir vous

demander l'explication nette & pré-
cife de cette phrafe, à l'égard du
Confeil & de mon oncle. Si vous
autorifiez en effet fes conjectures?
& fur quel fondement? Vous me
dites que vous allez répondre à mes
inftances; mais fans le faire directement, fans inculper clairement
mon oncle ni le Confeil, fans me
donner aucun motif de votre opinion, vous me parlez en termes
vagues d'un complot abominable,
que vous auriez pu dans le temps,
mais que vous n'avez pas voulu
éclairer. Après quoi, ayant quelque
regret pour moi à cette confidence,
voilà, me dites-vous, *la vérité que
vous m'arrachez*. Cette expreffion,
Monfieur, jointe au refus de me
répondre cathégoriquement fur mon
oncle ou le Confeil, ne couvre pas
des vérités indifferentes ou précieufes à la memoire que je défends.
Elle vient donc à l'appui des conjectures que vous croyez permifes
à M. de Tolendal, & qu'il va lui
plaît changer en affertions. Seconde preuve que peu content
d'autorifer les conjectures, vous les
les dirigez contre mon oncle.

Vous priez d'accabler, s'il le fallait, mon oncle & moi fous le poids

CORRESPONDANCE.

de la vérité, c'eſt vous connaître mal, & vous vous écriez, quelle propoſition! J'oſe, Monſieur, m'é-crier à mon tour, quelle réponſe! Vous m'avez mal connu, M. le Chevalier, ſi vous avez penſé que je m'en tiendrais à l'obſcurité de votre Lettre, abandonnée aux Commentaires de M. de Tolendal.

Je crois me connaître en honneur.

Si je vous avais prié d'accabler gratuitement UN TIERS ſous le poids de la vérité, J'AURAIS EU TORT. Mais vous demander la vérité contre moi-même, vous la demander contre

OBSERVATIONS.

Je crois! Il eſt dur, en pareil cas, de n'être pas sûr de ſon fait. C'eſt là, ce me ſemble, que la confiance ſied, & ce ſerait en vérité quelque choſe de bien malheureux, que de n'avoir été modeſte qu'une fois dans ſa vie, & de l'avoir été à contre-ſens. Au reſte, M. Duval diſcourant ſur l'honneur devant un Crillon, rappelle, quoi qu'on en ait, le Rhéteur diſcourant ſur la guerre devant Annibal.

Ah! un oncle n'eſt donc pas *un tiers* entre ſon neveu & ſon accuſateur? Ah! tout neveu qui aura la fantaiſie de compromettre ſon oncle, en aura donc

CORRESPONDANCE.

une mémoire inséparable de ma perfonne, c'était, Monfieur, le procédé d'un homme fûr de fon fait, qui ne voulait pas de ménagement parce qu'il ne craignait pas la vérité.

Je ne la crains pas aujourd'hui plus qu'avant ma première Lettre, Monfieur le Chevalier. Vous ne m'avez pas répondu que la vérité ne vous donnerait pas le moyen d'accabler mon oncle & moi, mais que l'honneur vous le défendrait. Il femble que fi vous ne nous accablez pas, c'eft par délicateffe & non par juftice. Ainfi, après avoir

OBSERVATIONS.

la liberté ; pourra lui fufciter des accufations pour lui prouver fa tendreffe ; pourra, dans les tranfports de fa piété népotique, inveĉtiver, vexer, menacer ceux qui ne voudront pas être l'organe de ces accufations; pourra, en un mot, *faire accabler fon oncle fous le poids de la vérité ;* & en fera quitte pour dire : *fon exiftence*, fi l'oncle vit ; & s'il eft mort, *fa mémoire eft inféparable de ma perfonne. C'eft contre moi-même que j'ai demandé la vérité ?* Quels fophifmes, bon Dieu ! mais hélas ! ce font les beaux momens de M. Duval, que ceux où il n'eft que fophifte.

M. Duval a grand befoin de la reffource de ce Peintre, qui mettait au bas de fes tableaux le nom des objets qu'il avait prétendu peindre ; car affurément, s'il n'écrivait pas à la fin de chaque paragraphe : *ceci eft une preuve*, perfonne ne s'en douterait. Il ne fait, après tout, permis à M. de Tolendal au moins des conjectures fur un complot QU'IL IMPUTE A MON ONCLE, vous accordez à celui-ci de fimples ménagemens qui laiffent des nuages fur fa mémoire. Troifième PREUVE que vous autorifez, que vous dirigez ces conjectures contre mon oncle,

que fuivre l'ancien fyftême, qui a déjà donné lieu à la même obfervation de ma part, & dans lequel, après avoir entaffé les difcuffions les plus bifarres, & les définitions les plus inintelligibles, on avait grand foin d'écrire au deffous : *ceci eft un délit*. Et remarquez comme M. Duval gradue fes affertions. Dans fa première Lettre il s'eft borné à dire que j'avais accufé *le Confeil*, ce qui n'eft pas vrai. Au commencement de fa quatrième, il a dit qu'en accufant le Confeil, on accufait *par conféquent le Gouverneur qui le préfidait*, ce qui encore n'eft pas vrai. A la fin le voilà qui dit ifolément & intrépidement que j'ai nommé *fon oncle*, que j'ai accufé *fon oncle*, que j'ai *imputé le complot à fon oncle*. Le voilà qui reproche au Chevalier de Crillon d'avoir autorifé mes conjectures contre cet *oncle*. Or, la Lettre où le Chevalier de Crillon a parlé de mes prétendues conjectures, non pour les adopter, mais pour les excufer fi elles avaient eu lieu, répondait à la première de M. Duval, où il n'était pas dit un mot *de l'oncle.* M. Duval a fûrement cru qu'on ne rapprocherait pas tout cela en le lifant : il fait beaucoup d'honneur à fes Lecteurs. Au refte fa marche eft encore ici la même abfolument qui a été fuivie autrefois dans le procès. *Il eft poffible, il eft apparent, il eft probable, il eft vifible,* telle était la gradation. *On pourrait foupçonner,* ç'a été là le début ; *on ne peut pas ne pas penfer,* ç'a été la conclufion : & la mort d'un homme a été le réfultat.

C'eft peu, Monfieur ; vous craignez que je ne me faffe un titre de ces ménagemens eux - mêmes ; & *vous m'avertiffez que j'aurais grand tort d'en tirer aucun avantage pour ma Caufe, & cet avertiffement foit communiqué par vous à M. de Tolendal.* Ici, Monfieur, LA DÉMONSTRATION EST COMPLETTE, vos intentions ne font plus un miftère. Je me crois difpenfé de les développer ; elles

fautent

CORRESPONDANCE.

fautent aux yeux. Votre opinion, ces vérités que je vous ai, dites-vous, arrachées, cette réponfe obf-cure à des inftances auffi claires que preffantes, ces ménagemens envers mon oncle & moi, cette attention de m'ôter les avantages que je pourrais en tirer, tout, jufqu'à votre principe *qu'il eft permis de fe taire*, tout, dis-je, prouve DÉMONSTRA-TIVEMENT que vous ne permettez pas feulement à mon Adverfaire des conjectures, mais que vous les au-torifez, que vous les appellez, que vous les dirigez contre mon oncle & le Confeil.

Vous le voyez, Monfieur, j'a-borde SANS DÉTOUR le point de la difficulté.

OBSERVATIONS.

Vous le voyez, Meffieurs, tout le Public fe déclare pour moi, difait M. Duval aux Juges de Rouen, dans un moment où les cris de l'indignation publi-que & des huées univerfelles venaient d'étouffer fa voix. Que voulez-vous répondre à un tel homme ? à un homme qui, a-près avoir affemblé des mots vuides de fens, vous dit : *ceci eft une preuve ;* qui, après s'être perdu dans un labyrinthe d'é-quivoques & de fophifmes,

K

vous dit: *ceci n'eſt pas un détour;* qui, quand vous lui avez écrit *oui*, vous fait une Lettre pour vous prouver que vous lui avez écrit *non;* qui, quand il demande acte d'une phraſe plaidée, ſoutient que l'acte ne doit renfermer qu'une moitié de la phraſe, parce qu'il n'a pas laiſſé achever l'autre; qui, lorſque toute une Province le pourſuit de ſes clameurs, lui répond : *je vous remercie de vos applaudiſſemens;* qui enfin, lorſqu'on a mis un bâillon à un malheureux condamné, parce qu'il faiſait tout retentir du cri de ſon innocence, dit, répete, imprime que cet infortuné *a fait l'aveu de ſon crime?* Pour moi je ne connais qu'un parti à prendre en pareil cas, celui de ſe taire & de ſuivre l'exemple qui m'a été rapporté. Un homme qui n'avait pas pu trouver d'Avocats, plaidait ſa Cauſe lui-même. Il fut interrompu par ſes Parties adverſes ſur un fait évidemment faux qu'il alléguait. Il écouta

Je ne ferme pas les yeux à la lumière. Mais il est temps que cette lumière serve à ma Cause.

La vérité, me dites-vous, Monsieur, *est simple*. Oui assurément, aussi vais-je réduire cette longue Lettre à six propositions, très-simples & très-précises.

froidement toutes les preuves du faux, reprit aussi froidement son discours, & débuta par ces paroles : *Vous voyez, Messieurs, que mes Parties adverses conviennent du fait que j'avais l'honneur de vous plaider tout-à-l'heure ; il ne reste plus qu'à en tirer la conséquence.* Pour cette fois les Parties adverses le laissèrent dire, & elles eurent raison. Elles n'eurent même pas besoin de lui répondre : on ne l'écoutait plus ; ses paroles se perdaient en sortant de sa bouche, & le son de sa voix n'arrivait plus jusqu'aux oreilles que comme le bruit inarticulé d'une cimbale résonnante.

Il est temps en effet d'être clair, quand on n'a plus que six lignes à écrire d'une Lettre de six pages.

CORRESPONDANCE.	OBSERVATIONS.

M. de Tolendal a calomnié mon oncle & le Conseil, en les accusant d'un complot contre le Général Lally. Première proposition.

M. Duval a fait un mensonge, en disant que j'avais accusé son oncle & le Conseil d'un complot contre mon père, puisque je n'ai pas dit un seul mot, puisque je n'ai pas présenté la plus légère indication ni de son oncle ni du Conseil, en parlant de ce complot. Première & dernière proposition qui coupe court à toutes les autres, & sappe, par les premiers fondemens, tout l'édifice des argumentations de M. Duval.

M. de Tolendal a compromis le nom de Monsieur le Chevalier de Crillon, en l'invoquant à l'appui de cette calomnie. Seconde proposition.

M. le Chevalier de Crillon, non-seulement permet à M. de Tolendal des conjectures sur ce complot, mais même il autorise, appelle, dirige ces conjectures contre mon oncle & le Conseil. Troisième proposition.

M. d'Eprémesnil est persuadé que M. le Chevalier de Crillon ne parle & n'agit point sans s'y croire autorifé par quelques motifs; mais il penfe que M. le Chevalier de Crillon ne doit pas taire ces motifs, puifqu'en les taifant, il rendrait fufpeƈt un homme irréprochable. Sur ce point M. d'Eprémefnil s'en rapporte à la loyauté de M. de Crillon. Quatrième propofition.

Quand M. le Chevalier de Crillon aura publié fes motifs, M. d'Eprémefnil s'engage à les détruire tous jufqu'au dernier. Cinquième propofition.

En attendant, M. d'Eprémefnil déclare que M. de Leyrit & le Confeil n'ont jamais comploté contre le Général Lally; que la propofition du Tanjaour ne peut pas leur être attribuée même indireƈtement; qu'il n'eft pas même permis à M. de Tolendal de le conjeƈturer; que M. le Chevalier de Crillon lui-même ne peut donner aucun motif bien fondé à l'appui de ces conjeƈtures, & M. d'Eprémefnil refufe à cet égard toute efpèce de ménagement.

J'ai l'honneur d'être, &c.

Signé, D'EPRÉMESNIL.

Monfieur d'Eprémefnil penfe, Monfieur d'Eprémefnil déclare, on pourrait même ajouter ici *Monfieur d'Eprémefnil devine;* il faut convenir que voilà d'étranges autorités & de fingulières preuves. Au refte, chacun réfume à fa manière. Une perfonne qui a lu toute cette Correfpondance, a prétendu auffi la *réduire,* & elle m'a apporté le réfumé fuivant des propofitions adreffées par M. Duval au Chevalier de Crillon. *Vous avez reçu une Lettre de moi le 29 Mai 1780, & le 5 Juin vous*

     OBSERVATIONS.

m'avez écrit de vous-même. Je ne vous avais fait aucune queſtion, & j'étais bien ſûr que vous me feriez une forte réponſe. Je vous ai demandé votre opinion motivée à l'égard de mon oncle : vous ne me donnez aucune eſpèce d'opinion ſur mon oncle, & vous me déclarez votre opinion à moi neveu & défenſeur de mon oncle. Vous me refuſez votre opinion & vos réflexions, & vous m'adreſſez votre opinion ſans la motiver. La concluſion de tout cela eſt évidente, & elle n'eſt pas nette, & on ne peut pas s'y méprendre. Votre Lettre eſt obſcure & la démonſtration y eſt complette. Vous donnez le démenti à mon Adverſaire, & vous l'autoriſez. Vous ménagez mon oncle par délicateſſe, vous ne l'inculpez pas clairement, vous ne dirigez pas nettement contre lui les conjeƈtures de mon Adverſaire, comme je l'eſpérais, & tout prouve démonſtrativement que non-ſeulement vous permettez, mais que vous autoriſez, que vous appellez, que vous dirigez les con *jectures de mon Adverfaire contre mon oncle. Enfin, j'ignore vos motifs, & je déclare qu'ils ne font pas bien fondés, &c.* Tout cela ne laiffe pas que de faire un très-bel enchaînement & une merveilleufe logique.

RÉPONSE

Du Chevalier de Crillon.

Paris, 1er. Juillet 1780.

J'arrive, Monfieur, de la campagne, où j'ai paffé huit jours, & j'ai l'honneur de vous répondre.

Votre première plainte porte fur ce que je n'ai pas répondu clairement fur M. votre oncle, & fur le Confeil de Pondichéri. Mais vous n'avez pas voulu voir dans ma réponfe, qu'il ferait auffi injufte à moi, que téméraire, d'inculper ou de difculper. Une feule réflexion qui, quoique très-fimple, vous eft échappée, au milieu de toutes celles qui vous ont frappé, fervira de réponfe aux fix propofitions qui terminent

votre Lettre & qui font l'extrait des
six pages qui la compofent. De là
j'entrerai dans l'examen de mes
phrafes, dont vous avez fait des
chainons bien artiftement enlacés.
Je vous prie de me fuivre.

Vous me demandez pofitivement
fi l'on m'a propofé d'arrêter M. de
Lally ? Je vous réponds qu'oui.
Vous me dites que le fils de M.
le Comte de Lally a plaidé que
c'était le Confeil de Pondichéri qui
avait formé ce projet : je vous réponds que c'eft un Particulier, dont
j'ai même oublié le nom, qui m'a
fait la propofition. Vous exigez enfuite que je vous dife fi je penfe
que M. de Leyrit & le Confeil ont
eu part à cette propofition, & fur
quelles preuves je pourrais affeoir
cette opinion? Je vous réponds que
j'en ai conçu une fi grande horreur,
que je me fuis impofé dans le temps
la loi de n'en parler à perfonne dans
l'Inde. Si je n'en ai parlé à perfonne,
je n'ai pas pu m'en inftruire ; première & facile réflexion. J'ajoute
que je n'ai pas voulu fuivre le fil
de cet abominable complot, qu'il
m'eût été alors très-facile de trouver. Seconde & facile réflexion : fi
je n'ai pas fuivi ce fil, je ne l'ai

donc

donc pas; fi je ne l'ai pas, je fuis dans une impoffibilité exacte de vous inftruire; fi je fuis dans cette impoffibilité, je vous ai répondu cathégoriquement; fi je vous ai répondu cathégoriquement, vous avez donc tort de vous plaindre, encore plus tort de commenter, d'ofer écrire, d'ofer répéter que j'appelle, que j'autorife, que je dirige la marche du Défenfeur du Comte de Lally. Convenez, Monfieur, qu'avec de la fimplicité & un peu de bonne logique, on échappe quelquefois aux tournures dangereufes de l'efprit.

Je vais maintenant m'occuper de réhabiliter mes phrafes. J'avais prévu leur malheureufe deftinée : vous leur cherchez à chacune un fens particulier; vous en faites enfuite un enfemble général; vous les diftillez; vous forcez tous les refforts; vous m'affujettiffez à y rappeller le fens naturel que vous avez écarté; vous m'obligez enfin à une profeffion de foi; je vous l'envoie, Monfieur, pour vous & pour tous les Lecteurs que vous m'annoncez.

Première phrafe. *Le fils du Comte*

L

de Lally a bien pu fe permettre des conjectures.

Je déclare que c'eft à fa Caufe en général que j'ai appliqué cet axiome, & point du tout au fait particulier dont vous me demandiez l'inftruction. Je n'ai parlé des conjectures, que comme d'un ufage immémorial dans toutes les difcuffions ; ufage conftamment pratiqué contre fon père, & dont vous venez de lui donner un grand exemple dans votre Lettre entièrement conjecturale. Les conjectures d'ailleurs peuvent bien affaiblir ou fortifier les preuves ; mais elles n'altèrent jamais la marche invariable des faits.

Deuxième phrafe. *Voilà la vérité que vous m'arrachez.*

J'avoue que je vous dois une explication fur celle-ci. Elle fera fimple. J'avais dit à M. de Lally en converfation, fans aucun autre détail, que l'on m'avait propofé d'arrêter fon père. Les détails que je vous donne de plus, la qualification de complot abominable, voilà ce que j'appelle *la vérité que vous m'ar-rachez.* Cette *vérité* fe renferme uni-

CORRESPONDANCE.

quement dans ces bornes, & vous ne pouvez pas la propager au foutien des vues que vous me prêtez, ni la faire fervir au profit des conféquences déplacées que vous en tirez.

Troifième phrafe. *Si je vous refufe mon opinion & mes réflexions, vous auriez grand tort d'en tirer aucun avantage pour votre Caufe.*

Pour celle-ci, je déclare que je la rends totalement commune à M. de Lally & à vous. Vous en avez fait une démonftration dans votre fyftême : j'en fais un acte authentique de neutralité, & je protefte contre toutes les interprétations que vous vous êtes permifes.

Tout, jufqu'à un fentiment d'honnêteté pour vous & pour M. votre oncle, que j'ai exprimé dans ma Lettre, vous le tournez d'une manière défobligeante pour moi.

En vérité, M. d'Eprémefnil, vous avez mis bien de l'art à brillanter des pierres fauffes.

J'ai l'honneur d'être, &c.

Signé, le Chevalier DE CRILLON.

OBSERVATIONS.

CORRESPONDANCE.

P. S. Quoique votre Correspondance me parût fort agréable dans toute autre circonstance, elle m'est si à charge dans celle-ci, que je vous prie de la faire cesser. J'ai l'honneur de vous prévenir que je ne vous répondrai plus ; & je ne vous donne cette assurance, que pour ne pas mériter le reproche d'impolitesse que vous feriez en droit de me faire. Je fais passer votre Lettre & ma réponse à M. le Comte de Lally, selon la convention que j'ai prise avec vous, dont vous m'avez remercié.

OBSERVATIONS.

CINQUIEME LETTRE

De M. Duval d'Eprémesnil au Chevalier de Crillon.

Paris, 2 Juillet 1780.

Le Public décidera, Monsieur, si j'ai trop OSÉ.

OBSERVATIONS.

Assurément si M. Duval ne *publie* pas, je ne sais plus à quel engagement de sa part il faudra croire. Il renouvelle celui - ci presqu'à chaque page, & mes répétitions à cet égard deviennent auſſi ennuyeuſes que les ſiennes.

Il décidera ſi, pouvant trouver facilement le fil d'un complot abominable, formé contre M. de Lally votre Général, le repréſentant du Roi, vous avez dû ne pas le ſuivre ;

Que veut dire ceci? Quoi! il n'eſt plus queſtion ni de l'oncle, ni du Conſeil, l'un & l'autre ſont écartés, on ne les inculpe pas, M. Duval lui-même ne prétend plus les diſculper, & le voilà qui s'établit Cenſeur public, qui demande compte à M. de Crillon de ſa conduite, qui accuſe ſans ſe plaindre, qui frappe ſans ſe défendre ! Et l'oncle n'eſt pas un prête-nom? Et le neveu ne vient pas tout bonnement pour traverſer la juſtification de mon père, pour tâcher d'atténuer les preuves qui s'élèvent en faveur de cet innocent, pour colorer tous les menſonges qui peuvent obſcurcir ſon innocence, pour haïr, pour vexer, pour intimider, s'il eſt poſſible, tous les Témoins généreux qui voudront faire triompher la juſtice & la vérité? Nous avons entendu M. Duval s'écrier que *ſon intérêt perſonnel l'occupait à peine* * ;

* *Premier Plaidoyer, page 4.*

nous l'avons entendu conjurer les Juges de Rouen de rendre *un Arrêt conforme à celui de Paris* *. En vérité nous n'avions besoin ni de ses aveux pour juger ses actions, ni de ses prières pour connaître ses desirs.

Je ne réponds rien sur le fond de cet étrange appel, parce qu'on va voir les motifs du Chevalier de Crillon exposés par lui-même, dans la Lettre d'envoi qu'il m'a fait l'honneur de m'écrire. Mais combien le reproche qu'on lui fait ici est déplacé! Ah! loin que mon père ait *ignoré* aucun des dangers qu'il a courus, il ne les a que trop connus au contraire; on a mis au nombre de ses crimes d'en avoir fait une peinture trop vive, d'en avoir porté des plaintes trop amères, d'en avoir conçu un ressentiment trop vif. Et comment les eût-il *ignorés?* Tous les Soldats rendaient hautement les calomnies qu'on semait parmi eux, pour les soulever contre lui. Tous

. . . ller le Général, pendant deux ans, dans l'ignorance des dangers qu'il . . . parait, au milieu de ses ennemis;

* *
page 5

les Confeillers en Corps le menaçaient de *fuites funeftes*, s'il ne fe foumettait pas à leurs volontés. Un de ces Confeillers, non content de cette déclaration générale, écrivait dans un mémoire particulier, qu'*il attendait avec impatience la fin de tout ceci DE FAÇON OU D'AUTRE* (1). De pieux Miffionnaires prêchaient la révolte dans les Temples ; de lâches Anonimes affichaient des placards dans les rues ; des Affaffins audacieux jetaient fur fa table des billets qui ne lui *donnaient* que *vingt-quatre heures pour fe fauver*. Voilà comment mon père a *ignoré les dangers qu'il courait*, voilà comment on a été coupable de les lui taire, & voilà comment il a été coupable de s'en plaindre.

Quelle terrible réponfe il y aurait à faire ici !.... *Sur-tout à la Juftice !* Et fi cette *Juftice*, plus d'une fois, n'avait pas voulu entendre ce qu'on voulait ne

& taire ce complot dans l'Inde à M. de Lally, Général ; en France, à M. de Lally, Accufé, Prifonnier, & SUR-TOUT A LA JUSTICE, pour en faire, long-temps après, le fujet d'une trifte & tardive confidence au curateur à la mémoire de votre Général condamné.

---

(1) Cote 183, fac 3.

pas lui *taire ?* Si cette *Justice* avait dit à plusieurs témoins, qui trompaient les vues qu'on avait sur eux : *ce n'est pas le panégirique de M. de Lally qu'on cherche ?* Si d'après une scêne incroyable, passée au récolement du Chevalier de Crillon, il avait fallu le réassigner une seconde fois ? Si des scênes plus inconcevables encore avaient signalé cette seconde audition ? Si.... mais n'anticipons pas sur un récit qu'on connaîtra toujours trop tôt, sur un récit que j'avais résolu d'ensevelir entre mes Juges & moi, & que la fureur de mes ennemis ne me permet plus de dérober à la publicité.

Au surplus, Monsieur, je trouve votre dernière Lettre plus satisfaisante que les premières, parce qu'elle *est* plus claire, ou, pour mieux dire, moins conjecturale.

Ah! ce font les Lettres de M. de Crillon qui font *conjecturales ?* moi j'avais vu au contraire, dans ces Lettres, un homme qui ne voulait pas tout dire, pour ne rien dire que de *positif.* Si quelque chose me console de mon erreur, c'est la certitude où je suis que tous les Lecteurs la partageront avec moi, jufqu'à l'inftant marqué par M. Duval pour leur apprendre qu'ils ne favent ni penfer, ni parler, & qu'*affertion* veut dire *conjecture*, comme *oui* veut dire *non*.

Quant à *l'ufage des conjectures conf-tamment pratiqué*, felon vous, Mon-fieur, *contre le Général Lally*, je renvoie cette phrafe à ceux qu'elle concerne dans votre efprit, & je me difpenferai de les nommer & de les difculper.

Il eft prudent de *fe difpenfer de nommer* ceux qu'on défefpère de *difculper :* mais il eût été plus prudent encore de ne pas relever cette phrafe du Chevalier de Crillon, de ne pas avoir l'air de l'entendre fi promptement, de l'appliquer fi aifément. Il eût été plus prudent, quand le Chevalier de Crillon parlait généralement de l'ufage des conjectures pratiqué contre mon père, de ne pas s'écrier auffi-tôt : *J'y fuis ; je vois ce que vous voulez dire ; je fais de qui vous parlez.*

Et comme il nous faut déformais bien convenir de la fignification que l'on doit donner aux mots, je veux montrer ce que j'entends ici par *conjectures. On pourrait reprocher au Sieur de Lally . . . . les indices font affez*

OBSERVATIONS.

forts .... *il semble que la tête ait tourné au Sieur de Lally* ....
on pourrait croire .... *cette circonstance est plus que suspecte* ....
il y a tout lieu de croire .... *le Sieur de Lally est plus que soup-*
çonnable .... *on soupçonnait le Sieur de Lally* .... *les soupçons*
de cette circonstance présentent une obscurité peu favorable .... *la*
probabilité approche de l'évidence ..... *il paraît que le soupçon*
était très-public .... *le Sieur de Lally a semblé ne s'occuper que*
d'aigrir le Conseil ..... *il semblait vouloir porter les Habitans à*
la révolte .... *le bruit a été public* .... *le cri a été universel* ....
quoi qu'il en soit .... *peut-être* .... *sans doute* .... *d'après cet*
exposé, suivi d'époque en époque, IL SEMBLE RÉSULTER contre
le Sieur de Lally .... *on ne peut pas ne pas penser que la suite*
de son inconduite est un crime de leze-Majesté au second chef, si
l'on ne veut pas comparer les suites de cette conduite à une trahison
évidente.... voilà ce que j'appelle *l'usage des conjectures, pratiqué*
contre mon père. Et si toutes ces formules *conjecturales* étaient
fidèlement extraites, non pas des dénonciations & dépositions,
mais du rapport même ; si elles s'y présentaient constamment
depuis la première jusqu'à la dernière page ; si, d'après un tel
exposé, si, sur le fondement d'un *résultat apparent*, on trouvait
non-seulement des conclusions à mort, mais un véritable Plaidoyer pour entraîner tous les avis à la mort, pour persuader que
la perte de l'honneur, l'opprobre, l'infamie, les peines pécuniaires
les plus étendues ne seraient pas suffisantes, voilà ce que je ne sau-
rais comment appeller.

Le temps manifestera si ceci est une hypothèse ou un fait.
Le temps révèlera cette opinion terrible, qui, dans la fermen-
tation des esprits, dans la précipitation des séances, dans le

trouble des idées, dans l'ignorance des faits, a fubjugué, a créé toutes les autres opinions. J'en ai dit affez, pour que ceux qui ne font pas inftruits fufpendent jufques-là leur jugement. J'en ai dit affez, pour faire apprécier dès aujourd'hui ce miférable refrein, devenu le mot de ralliement du petit nombre d'êtres qui s'obftinent encore à lutter contre l'évidence, & qui comptent les Juges de mon père, tandis que je compte les preuves de fon innocence.

Ils étaient quarante, vous crient-ils tous d'un ton rifiblement triomphant; *ils étaient quarante!* Mais ils étaient tout un Tribunal, ceux qui firent boire la ciguë à Socrate. Mais ils étaient tout un Peuple, ceux qui exilèrent Ariftide & Camille. Mais ils étaient toute une Chambre des Communes, ceux qui, avant la réformation des Loix anglaifes, égorgèrent le généreux Strafford & l'infortuné Lawd; ceux qui, ne pouvant oppofer à ces deux victimes malheureufes ni un feul *délit particulier*, ni une feule *preuve pofitive*, imaginèrent auffi d'y fubftituer *un enfemble de conduite*, un *crime accumulatif*, une *évidence conftructive* (1). Que moi je cite aujourd'hui quatre-vingts Magiftrats du Confeil admettant ma Requête en caffation contre l'Arrêt de mon

____

(1) On verra dans mon grand Mémoire les rapports étonnans qui fe trouvent entre ces deux procés & celui de mon père. On y verra ce mot fi énergique de *Jean Herne* au Confeiller *Wild* : *Mon bon Confeiller, je n'avais jamais entendu dire que deux cents couples de lapins noirs fiffent un cheval noir.* C'eft ainfi qu'une femme auffi diftinguée par la folidité de fon efprit, que par l'éclat de fes vertus & de fon rang, feue Madame de Gifors, difait à un des Juges de mon père : *Je ne favais pas que cent péchés véniels fiffent un péché mortel. — Ni qu'une ligne de zéros fît une fomme*, ajouta un autre interlocuteur. Et le Juge ne répondit rien.

Observations.

père, le **28** Avril 1777 ; foixante-huit profcrivant cet Arrêt le vingt-cinq Mai mil fept cent foixante-dix-huit, dans le calme des efprits, dans le filence des paffions, dans les lenteurs de la difcuffion, fans autre intérêt que celui de la juftice, fans autres follicitations que mes travaux, fans autre mobile que mes moyens, oh! c'eft le cas alors d'invoquer le nombre en même temps que les lumières & l'intégrité de mes Juges. Mais où eft-il, l'homme affez ignorant du cœur humain, affez inepte à en faifir les mouvemens, à en calculer les paffions, à fuivre le développement des caufes & la marche des faits, pour ne pas favoir que dans les affaires de parti, lorfqu'une cabale puiffante foulève le Ciel & la Terre, lorfque le fanatifme fecoue fes flambeaux, lorfqu'une efpèce de vertige, innocent quelquefois dans fon principe, mais toujours également funefte dans fes effets, vient envahir les efprits, lorfque fur-tout la clandeftinité d'une procédure ténébreufe ôte à un Accufé le feul moyen de faire tomber l'effervefcence publique, le nombre alors, loin d'être une reffource pour la juftice, eft un danger de plus pour elle? La voix de la raifon & de la vérité pourrait percer à travers les cris de quelques individus : elle eft étouffée, elle fe perd dans ceux de la multitude. De proche en proche, tout s'émeut, tout s'agite, tout s'entraîne fur cette plage orageufe ; le flot qui fuit précipite celui qui précède ; des nuages s'élèvent de toute part ; l'erreur les forme, la paffion les groffit, ils portent dans leur fein les vapeurs meurtrières de la calomnie, au moindre choc tout eft en feu, la nuée crève, la foudre part, & va frapper un infortuné, victime de la tempête, fans avoir eu un feul moyen pour la conjurer. Telle eft la vérité de tous les temps, de tous les pays, de tous les hommes. Telle est sur-tout celle du Procès de mon père. *Monsieur le Rapporteur a été de l'avis de la mort, nous avons tous suivi comme une traînée de poudre, & aujourd'hui nous en sommes tous surpris :* Voilà ce que disait à Sèves, en pleine table, quinze jours après le fatal Arrêt, M. Titon, Conseiller de Grand'Chambre, qui avait voté pour le rendre. Voilà cet Arrêt qu'on a encore la témérité d'appeller *mémorable ,* quand le Souverain l'a proscrit. Voilà cette unanimité si imposante. Voilà ce grand argument des *quarante.* O l'invincible cause que celle qu'on appuie sur de pareils moyens! O les profonds penseurs que ceux qui donnent ou qui reçoivent de pareilles raisons !

Ne dites pas, Monsieur, que ma dernière Lettre est conjecturale. Permettez-moi de vous le rappeller : C'EST VOUS QUI FORMEZ DES CONJECTURES, ET C'EST MOI QUI LES DÉTRUIS.

Il ne reste plus maintenant qu'à trouver dans ces Lettres une seule *conjecture formée* par M. de Crillon & *détruite* par M. Daval; & si on ne l'y trouve pas, il faudra bien recourir à

C'est moi qui vous *déclare* très-affirmativement, & j'ai l'honneur de vous le répéter, que personne au monde, pas même vous, Monsieur, ne peut former raisonnablement sur cette proposition séditieuse du Tanjaour, des conjectures qui naissent au Conseil de Pondichéri, à mon oncle, à ma Cause.

J'ai l'honneur, Monsieur, de RÉPONDRE A VOS RAISONNEMENS.

Je me tais sur le reste. Notre Correspondance pourrait dégénérer en une guerre de plume & d'*esprit*,

& je vous jure, Monsieur le Chevalier, que ce n'a jamais été mon projet.

J'ai l'honneur d'être, &c.

Signé, D'ÉPRÉMESNIL.

l'article du Plaidoyer cité plus haut, page 85.

Toujours les mêmes autorités & les mêmes preuves : *Monsieur d'Eprémesnil déclare*. Mais *déclarer* à un homme *qu'il ne peut pas former de conjectures*, n'est pas, ce me semble, *détruire celles qu'il forme*.

Toujours la même précaution. Ceux qui ont vu les raisonnemens du Chevalier de Crillon, seront bien aises d'être avertis que *ceci est une réponse*, car sûrement ils ne s'en douteraient pas encore.

Et on ne sera pas fâché non plus d'être averti que *ceci est de l'esprit*, ne fût-ce que pour connaître celui dont il faut se garder.

LETTRE

Que m'a écrite le Chevalier de Crillon.

Encore une Lettre de M. d'Lré-
mefnil, mon cher Comte. Pour
celle-ci j'ai pris l'engagement de ne
pas y répondre : j'ai fait fans doute
aſſez, peut-être trop, de répondre
aux précédentes. Mais il me dé-
nonce au Public, & ce Tribunal
m'eſt trop précieux pour ne pas
l'inſtruire, même de mes motifs.
Ce Public verra fans doute & ap-
plaudira ma prudente diſcrétion,
lorſque j'ai caché au Général un
complot avorté, dont je m'étais
rendu maître en m'y refufant, &
dont la connaiſſance n'eût fait qu'ul-
cérer fon cœur & enflammer fa tête,
qui ne devaient l'être que trop par
les contradictions dont il ne ceſſait
de fe plaindre alors. Voilà pour le
Général dans l'Inde. Quant au Général à la Baſtille & à fes Juges
de Paris ; premièrement, je n'ai
pas eu la liberté de parler à l'un,
& je me ferais toujours refufé à
être auprès des autres le Délateur
de perſonne ; ce rôle n'eſt pas fait
pour moi, & le nom feul excite
mon horreur. Secondement, de
quelle utilité eût été une délation

OBSERVATIONS.

Quelle Lettre, grand Dieu!
J'ignore comment j'ai pu achever de la tranfcrire. Eſt-ce bien
à moi qu'elle s'adreſſe ? Eſt-ce
bien M. de Crillon qui me l'é-
crit? Eſt-ce bien M. Duval qui
le force à me l'écrire, à *fe re-
commander*.... À ce mot tout
mon fang s'allume, mon cœur
fe déchire, des larmes brûlantes
s'échappent de mes yeux, je ne
fuis que douleur & que défefpoir. Ainſi donc, homme auſſi
généreux que fenfible, j'aurai
étendu fur vous la haine dont
je fuis l'objet! Ainſi, pour avoir
défendu le père dans l'oppreſ-
fion, pour avoir tendu la main
au fils dans l'infortune, vous
aurez été compromis, menacé,
infulté! Ni vos vertus, ni votre
nom, ni le refpect de tous les
partis qui ont diviſé l'Inde, ni
l'eſtime de la France entière
n'auront pu vous préferver des
coups d'un homme qui ne co

isolés, portant sur un fait à l'égard duquel on ne m'interrogeait pas, qu'on n'eût point approfondi, & qui ferait resté sans autre preuve que mon assertion particulière? Voilà, mon cher Comte, des raisons que je recommande à votre invincible logique, & je me couvre désormais de l'égide dont la raison & l'honneur vous ont armé. Je ne m'étais jamais attendu, je l'avoue, à me voir dénoncer au Tribunal du public : il a fallu, pour cela, qu'il ait créé un chef-d'œuvre de sophismes, & que cette trame à cent fils fût tissue par les mains d'un Magistrat. J'espère & je crois fermement que ce Tribunal, toujours juste quand il est instruit, verra avec indignation la hardiesse du Dénonciateur & la futilité de sa dénonciation. Je vous embrasse, mon cher Comte, de tout mon cœur, & suis votre bien affectionné Serviteur.

Signé, le Chevalier DE CRILLON.

naît aucun frein, parce qu'il ne craint aucune peine, & qui, dans son sistême insensé, croit, à force d'outrages, s'égaler à ceux qu'il attaque! Hélas! je ne me reproche point l'intérêt que je vous ai inspiré au nom de mon père & de son innocence; je ne vous demande point de pardon pour l'appui que vous nous avez prêté : votre grande ame s'en indignerait, & tout ce que vous avez fait, vous l'avez fait pour la vertu avant de le faire pour nous. Mais combien cette magnanimité même augmente ma douleur! Combien je maudirais mon existence si elle n'était pas nécessaire à celui de qui je la tiens! Eh! qui suis-je donc pour vous défendre, pour *vous couvrir de mon égide*, moi être isolé, dévoué à l'infortune; luttant depuis vingt ans contre le malheur & la persécution; sollicitant par-tout l'humanité, la pitié; implorant de toute part des appuis; n'ayant encore pu, malgré tous ceux que j'ai trouvés

vés au pied du Trône, fur le Trône même, parvenir à me faire rendre la juftice qui m'eft due ; obligé enfin de me faire pardonner jufqu'aux plaintes que je forme & jufqu'aux vérités que je dis? Ah! croyez que ma trop faible voix tonnera du moins dans toute fa force. Croyez que tous mes efforts feront réunis, que toutes mes facultés feront déployées. C'eft là que mon cœur s'abandonnera tout entier. C'eft là que je ne connaîtrai plus ni ménagement, ni réferve. Je ferai, je tâcherai du moins d'être modéré dans ma Caufe : je ne le ferai pas, je ne veux pas l'être dans celle de mon Bienfaiteur, du Défenfeur de mon père, de celui qui, pour nous avoir fecourus, fe trouve accufé lui-même, comme fi c'était un délit de ne pas nous calomnier. Je la provoquerai, je l'enflammerai, cette *indignation publique* qui doit vous venger. J'appellerai la Nation entière, & fon Peuple, & fes Chefs; votre caufe eft leur caufe à tous. Français, fi épris de l'honneur, fi attachés à ces grands noms qui en réveillent l'idée, fi jaloux de cette antique nobleffe dont il eft le principe, fi idolâtres de vos Rois dont il eft le guide, voyez un de ces noms, confacré autrefois par le plus adoré de vos Princes, par le modèle chéri de celui qui nous gouverne, & prophané aujourd'hui, cité injurieufement, infolemment outragé par un Accufateur dont l'audace fait le feul titre. Voyez un homme fans caractère, fans droit, fans intérêt, abufant du manteau de la Juftice pour couvrir fes paffions, faifant fervir à la vexation, à la tirannie, à l'impunité, ce titre facré de Magiftrat qui ne doit exprimer que bienfaifance, protection, équité. Voyez-le, fe forgeant des griefs pour fe permettre des excès; interrogeant un Crillon & un Montmorenci à la face de l'univers, du ton dont il interroge fes criminels dans leurs

OBSERVATIONS.

cachoz ; oppofant à la noble fimplicité de leurs réponfes, à la majefté modefte de leurs difcours, le méprifable jargon de la chicane, & les propos infultans de l'arrogance. Français, voyez comment votre *bon*, votre *grand Henri* écrivait aux Crillons, & comment M. Duval leur écrit (1). Soulevez-vous à cet odieux parallèle. Vengez vos Rois, votre honneur, vos Guerriers, vos Magiftrats. Déployez, dans toute fon énergie, cette opinion publique, le fléau de l'oppreffeur & la reffource de l'opprimé. Frappez le coupable au milieu de l'injufte fécurité dont il jouit. Imprimez fur fon front l'ineffaçable fceau de cette réprobation univerfelle qui punit mieux que les Arrêts, & fans laquelle les Arrêts eux-mêmes ne puniffent pas.

ENFIN, Lecteur, je touche au terme du pénible & douloureux examen auquel je me fuis livré : ici finiffent les deux *Correfpondances*. J'acheve mon travail le 28 Juillet 1782. Quand verra-t-il le jour ? je ne le fais pas encore : ce ne fera que quand il faudra défefpérer abfolument de l'exécution des promeffes de M. Duval, & de la *publication* qu'il a tant annoncée. Dans quelqu'inftant que vous me lifiez, rappellez-vous que M. Duval, après avoir reçu les Lettres de MM. de Crillon & de Montmorenci, a ofé écrire qu'*elles me donnaient un dé-*

______

(1) Voyez comment leur écrivent, comment leur parlent aujourd'hui le Succeffeur & l'Imitateur de *Henri* fur le Trône de France, un autre de fes petits-fils fur le Trône d'Efpagne, le vertueux héritier de *Marie-Thérefe* fur le Trône de l'Empire, & difpenfez-moi de fouiller cet Ecrit des blafphèmes que M. Duval a vomis contre le digne frère du Vainqueur de Mahon, au milieu des rifibles élégies & des Plaidoieries fougueufes qu'il eft venu débiter dans les *Wauxhalls* & fur les *Places* de Dijon.

menti, & que *mes affertions étaient des calomnies*. Rappellez-vous que quelques perfonnes, malgré la précifion avec laquelle j'avais parlé, malgré l'avantage que j'ai fur M. Duval de n'avoir pas encore cité un fait faux, ont cependant été ébranlées par fon annonce, & toujours *à raifon de fon état*. J'efpère que ces perfonnes, inftruites par une leçon auffi frappante, fe dépouilleront enfin d'un préjugé auffi étrange. Elles fentiront que, pour honorer une claffe de la Société, quelque refpectable qu'elle foit, il ne faut pas offenfer toutes les autres ; que la raifon & la vérité appartiennent également à tous les hommes ; que c'eft fe dégrader foi-même que de les repréfenter comme le partage exclufif d'un feul ordre de Citoyens ; qu'en un mot, c'eft une mauvaife regle à fuivre que d'apprécier la fidélité d'un récit & la jufteffe d'un raifonnement, d'après l'habit *long* ou *court*, *noir* ou *bleu*, de celui qui raconte, & de celui qui difcute.

Signé, le Comte de LALLY-TOLENDAL.

JARRIN, Procureur.

A DIJON, chez L. N. FRANTIN, Imprimeur du Roi, 1782.